Äquator
Sumatra
Jakarta
Sundastraße

Arnold Krieger
Das Jahr der Windrose

Das Jahr der Windrose

Roman von Arnold Krieger

Verlag Heinrich Möller Söhne

CIP-Titelaufnahme der Deutschen Bibliothek

Krieger, Arnold:
Das Jahr der Windrose: Roman / von Arnold Krieger.-
Rendsburg: Möller, 1989
ISBN 3-87550-109-8

Diese Ausgabe ist der unvergessenen Verlegerin Beatrice Heinemann, geb. Möller, gewidmet.

Frühling 1989 *Tuja Krieger*

Zu diesem Buch

Die Schiffahrt hat alle Menschen, die Anrainer des Meeres waren, fasziniert. Ein- bis dreimastige Segelschiffe sind schon im zweiten vorchristlichen Jahrtausend im Mittelmeer auf Fahrt gegangen. Die Portugiesen haben Anfang des 15. Jahrhunderts ihre Entdeckungsfahrten mit Segelschiffen unternommen, die kaum über dreißig Meter Länge hatten. Zuerst segelten sie entlang der Westküste Afrikas, und Ende des Jahrhunderts fuhren sie schon um das Kap der Guten Hoffnung herum bis nach Ostindien.

Das ist auch die Route der Bark „Raphaela", mit der ein junger Bürgerssohn als Schiffsjunge ein Jahr unterwegs ist, um einer von ihm befürchteten Strafverfolgung zu entgehen. In der Bewährungsprobe des einen Jahres wird aus dem problematischen Schiffsjungen ein kernstabiler Seemann. Alles hat dazu beigetragen:

Der Kampf mit Wasser, mit Wind und Wellen, die mühsam erlernte und dann gekonnt ausgeübte Kunst des Segelns in allen Unwettern, die Erlebnisse mit Tieren des Meeres, mit Schwertfischen, Walen und Haien, das Überstehen von Entbehrungen und Krankheiten und immer wieder und letztendlich die Lust am Leben und Überleben.

Es gibt Glücksfälle, auch im Leben eines Schriftstellers. Für Arnold Krieger war der erste literarische Glücksfall die Kenntnis der Lebensgeschichte einer Afrikanerin, die er in dem Buch „Geliebt, gejagt und unvergessen" sprach- und bildkräftig gestaltet und damit eine große Leserschaft gewonnen hat. Vielleicht ist der zweite literarische Fund ähnlich erfolgreich, denn auch hier sind es Menschen des vorigen Jahrhunderts, die uns auf

ebenso einfühlsame und intensive Weise nahe gebracht werden.
Die Menschen, die vor hundert Jahren jung und unternehmungsfreudig ihre Wege suchten, sind von den heutigen Menschen nicht so verschieden, wie es der Umbruch des Zeitalters vermuten lassen könnte. Dieser Bericht zeigt, daß es für unser Wunsch- und Tatleben, für unsere ganze Existenz unwandelbare Komponenten gibt. Hundert Jahre isolieren nicht nur, sie verbinden auch.

T. K.

I

Heute sag ich's ihm, sagte er sich. Etwa noch warten? Bis Ostern vielleicht? Immer noch warten? Ja, stillhalten, höhnte es in ihm, schön brav weiter stillhalten, damit er mich schließlich wie ein Kollo, einen seiner zahllosen Warenballen, verpacken und zuschnüren kann! Ich muß weg, weg von ihm, sehr bald, und ich weiß auch schon wohin. Aber nicht so, ich muß es ihm sagen. Wird er ihm aber zuhören, der Vater, der Fabrikant, der ihn fabriziert hatte? Er, für den er der Einzige war?
Das Licht in den Gasständern begann sich zu rekeln, rülpste leis, glomm auf. „Abend, Herr Reinhart." Der Mann grüßte mit Kopf und Schultern, er war Eisenbahner, Wagenmeister, und Ausbilder der Lehrlinge. „Abend." Dann war es still zwischen beiden.
Der hat es gut, dachte er. Schmiert sein Drehgestell, steigt langsam weiter hoch, aus dem Wagenmeister wird ein Wagenwerkmeister. Er hat sich selber seinen Weg ausgesucht.
Heute, unbedingt heute noch muß ich diese Sache zum Klappen bringen. Heute sag ich's ihm. An den zusammengebissenen Zähnen schabte hart seine Zungenspitze.
Es hielt ihn nicht länger, er mußte zu ihm. Die Mutter war verreist, zu ihrer älteren, viel älteren Schwester. Die hatte ein Zittern, das sie seit dem 6. März jenes Jahres nicht verließ, als das Erdbeben über Deutschland hinweggefegt war. Mutter verreiste selten allein, aber der Schwester zuliebe nahm sie jetzt die weite Fahrt auf sich. Das Dienstmädchen hatte an diesem Sonnabend frei, tanzte im „Blauen Fuchs". Das Gedudel war bis hierher zu hören. Hausdame und Hausdiener ebenfalls fort, der Bursche bei einem ziemlich roten Kegelverein, die Wirtschafterin bei einem verheirateten Cousin, wo sie

Kuchen für den Geburtstag eines Sonntagskindes backen half. Das wußte er. Alles gut so. Der Vater, der Zahlenmensch mit dem glänzend kahlen Schädel und dem schnauzbärtigen Gesicht, würde allein sein. Er war trotz allem ein guter Kerl, aber streng, anstrengend, ein Willensmörser.
Die weiche Luft roch nach Pfefferminze und Molke. Gerade das richtige Wetter. Er bog ein wenig ab zur Kirchenpromenade, die führte mit kleinen Ausbuchtungen ungefähr parallel zum Wald. Und dort wartete eine Bank auf ihn, wie immer leer. Grübelnd stützte er das Kinn auf die Faust, erhob sich, stieg auf das Sitzholz, setzte sich auf die Lehne und wußte, daß heute der rechte Tag dafür war.
„Ich bin Joachim, zwanzig Jahre, einziger Sohn von Balthasar Reinhart, dem Firmengründer, der haben muß, was er haben will. Ich aber will dem Unentrinnbaren entrinnen. Jenes Erdbeben, bis hinauf nach Hannover, südlich begrenzt durch Cham in Bayern und Blatna in Böhmen, es hat den Umschwung, die Kehrtwendung in mir hervorgerufen."
Er spürte es noch wie heute: das Gehör war mit feinem, ziehendem Donner angefüllt, die Linkrusta-Tapete begann fette Blasen zu bilden. Die Mächte unterm Grund wollten hinauf und hinaus. Und seither gärte es auch in ihm. Der Spiegel schlug in Scherben, dazu das Bild des alten Kaisers, der als Kaiser jung war, erst ein Jahr lang Kaiser, es klirrte zu Boden. Eine Ellipse war das Ganze, deren Achse sich von Südost nach Nordost anhob. Stärker traf es die innere, viel kleinere Ellipse, Jena, Rudolfstadt, Geroldsgrün, das Fichtelgebirge, Lübbenau, aber auch Leipzig und Chemnitz. Der junge Mann fühlte die unzähmbare Naturbewegung, obwohl er sich weit außerhalb der größeren Ellipse befand. In höchster

Erregung klopfte er an die Tür des Vaters. Der setzte sich im Bett auf, ein in Trikot gehüllter Koloß, schüttelte den blanken Kopf, hörte noch einmal hin, schüttelte stärker: „Ein Erdbeben, bei uns in Deutschland?"
„Das kann man sogar in Berlin spüren", behauptete Joachim.
„Dummes Zeug. In Berlin! Ein Erdbeben, mein Junge, war der Sturz der rumänischen Eisenbahnobligationen. Der tolle Hund, der Strousberg, hat die kleinen Sparer schön hineingehetzt. Gewiß, Kühnheit muß sein. Bei ihm aber war es die schiere Spekulation."
Diese schwere, wüste Nacht vom 6. zum 7. März, sie brachte bei ihm den Umschwung. Von nun an wußte er: Gegen die sich wellende Erde helfen nur die Wellen des Meeres. Auf dem Meer werde ich vor dem Übermaß der großen Geschäfte meines Vaters geschützt sein. Ich will aufs Meer! Ob mit oder ohne seine Erlaubnis.
Das war doch noch nicht so lange her – war es nicht eben erst gewesen? Als Dreijähriger, mit kleinen, aber sicheren Schritten hatte er begonnen, die Umwelt, den von einem Gärtner sorgsam gepflegten weitläufigen Garten zu erkunden und war dabei dem Vater über den Weg gelaufen. Der hatte ihn zum Spielplatz geführt und mit Schwung auf die Schaukel gesetzt, sie heftig anstoßend: dreimal hoch! Das hätte schön sein können, aber er war vorher auf dem Brett von zwei starken Händen festgebunden worden, und sie wollten ihn, das Achimchen, nicht loslassen, nicht wieder losbinden. Und wenn auch die Augen des Vaters ihn ermunterten: Juble doch! Wo bleibt das Gejauchze? Er hätte ihm die Zähne ins Handfleisch graben mögen, um frei zu werden. Nur leises Stöhnen, zuletzt fast wimmernd vor Zorn. Sehr zur Enttäuschung, zum Verdruß des Vaters.
Die Mutter war hinzugekommen und hatte ihn befreit,

milde lächelnd wie immer, ihren Mann kaum beachtend. Damals war sie noch ohne Schwermut gewesen, freilich schon ein wenig ermüdet von all der Geschäftigkeit, in die sie mit eingespannt war. Der Handelsmann war selbst ein treibend Getriebener. Schon bei der Firmengründung hatte er ihre Zustimmung samt Unterschrift als selbstverständlich einbezogen, bei jedem folgenden Risiko war es ebenso. Die Rastlosigkeit verbrauchte auch sie, und man war versucht, zu sagen: „So viel Glück zu haben, stimmt ernst."

Später einmal hatte der Sohn seine Mutter gefragt: „Ich möchte heiter werden – aber wie nur?"

„Heiter sein, das ist etwas sehr Besonderes", hatte sie ihm geantwortet und dabei das in letzter Zeit gar nicht mehr jugendfrische, sondern ein wenig schwammig gewordene Antlitz zur Zimmerdecke gehoben. „Sei doch zufrieden, daß du zufrieden bist. Auch das ist schon viel."

In der Schule hatten sie sich kürzlich erst mit Alexander Ypsilanti beschäftigt und dann einen Aufsatz geschrieben: „Der menschliche Organismus – eine Gasfabrik." Wenn er sich vorstellte, daß er das bis Ostern alles noch aushalten sollte!

Balthasar Reinhart meinte es gut, gewiß, auf seine Art. Er war der planvolle Vater, der den andern keine Möglichkeit ließ, auf ihre Art gut zu sein. Der Vater war kein Qualmer, der den Krückstock schwang, aber sein Söhnchen wollte er doch zu einem Kronprinzen erziehen. Wozu hätte er mit den andern auch so geschuftet. Er war es ja nicht allein, der sich anstrengte.

Früher hatte Balthasar Reinhart, wie es üblich war, bei der Legge Leinen gekauft und einen großen Teil davon an der Weser in Rasenbleiche behandeln und vieles färben lassen. Er suchte und fand seine Käuferschaft besonders in Ostfriesland und Westfalen. Aus dem Grossisten

wurde ein Fabrikant. Mit blauen Arbeiterkitteln und sogenannten „praktischen“ Damenhemden begann es. Expandieren und exportieren hieß das A und O aller Aufstrebenden – expandieren und exportieren war auch das A und O des Unternehmers Balthasar Reinhart.
Vor den Stehpulten standen die Schreiber mit Stahlfedern, und es ging jetzt schon um die stückegefärbten Tuche in Schwarz und Dunkelblau, um Stapelware. Festtag und Alltag mußten gleichermaßen passend ausgestattet werden.
Wie konnte man genug Dampfkraft für die Webstühle erzeugen? Wo am besten die Appretur konzentrieren? Diese verflixten Engländer überschwemmten mit ihren Stoffen den Markt. Auch nach dem großartigen Sieg der Fürsten über den Kaiser, als nach dem Zusammenbruch in Versailles dann ein Berliner Kaiser hervorging, ein großartiger, da hatten viele deutsche Schneider, die meisten sogar, nicht genug Ehrgefühl, die Qualität deutscher Stoffe in ihr Bestellsystem miteinzubeziehen. Sinkende Wollpreise nach 1871 waren noch gefährlicher als der Sturz der rumänischen Eisenbahnobligationen. Es gelang Balthasar Reinhart aber, eine oberbergische Spinnerei und eine Wirkerei in Hannover aufzukaufen und anzugliedern. So konnte er besser manipulieren. Großen Wert legte er auf die Bandindustrie. Ja, Bandindustrie, das war des Vaters neues Lieblingsgeschäft. Und als der Sohn, nicht ganz uninteressiert, aber doch mit den Worten spielend, den Vater fragte: „Wird nicht alles einmal zerflattern?“, bekam er die kurze, selbstsicher vorgebrachte Antwort: „Unsinn, mein Junge, es kommt auf den Griff an.“ Und dann versuchte Reinhart senior geduldig zu erklären, was ihn bewegte: „Was meinst du dazu: es muß doch möglich sein, wie in der Breitweberei mechanische Kräfte einzuspannen. Ich finde es geradezu

lächerlich, daß wir immer noch mit Bandstühlen arbeiten, bei denen wir Hände zum Drehen brauchen." Und so sprach er weiter und weiter.
Ja, der „Khan von Lüdenfeld", wie ihn ein Oberlehrer nannte, brachte es fertig, noch im Schlaf herrisch zu wirken. Hat er solche Brauen, fragte sich Achim, weil er so finster ist? Ist er so finster, weil er solche Brauen hat? Doch es gab auch weichere Momente, Anwandlungen einer gewissen Schwäche. „Wenn du maturiert hast", sagte er, „und wenn du dann vielleicht so eine Vergnügungsfahrt auf der See – nein, nein, laß mich nur ausreden – ich meine, wo willst du dich dann immaculie – immaculatur ..."
„... immatrikulieren lassen", half der Sohn ein. Das Blut stieg dem Vater in den Kopf, Achim kannte das und schwieg. „Du lernst Ovid und bist doch ein Schafskopf", meinte der Vater mit einem Anfall gönnerischen Humors. „Der Matthes ist doch kein Partner für dich – im Gespräch und so." Achim wußte, daß dem Vater der Umgang mit Matthes, dem Bäckerjungen, nicht paßte. Bis zur Septima hatte es Matthes gebracht. Er war zwei Jahre jünger als Achim und so immer zwei Klassen unter ihm. Als Neunjähriger mußte er von der Schule abgehen. Sein Vater hatte eine Arbeit in einem Institut bekommen, in einer von Lüdenfeld entfernten Gegend. Er ließ sich nie mehr sehen. Jahraus, jahrein dieses Institut. Später begriff Matthes, was für eine abgeschlossene Anstalt dieses Institut war. Sohn eines Strafgefangenen. Und auch Joachim wußte es. Aber die Buben hielten sich die Treue. Freundschaft galt etwas. Nun ja, vierzehn Stunden Arbeit pro Tag, angefangen schon tief in der Nacht, nur anderthalb völlig freie Tage im Jahr, viel blieb da für die Freundschaft, die Zusammenkünfte nicht übrig. Aber Joachim konnte ihm doch helfen, als er merkte, wie hart

das Leben des jüngeren Freundes war. Der trug noch seine alte Schülermütze, tagein, tagaus. Es war immer ein Mäusegeruch um den hervorquellenden braunen Haarschopf. Freilich, was konnte man auch bei einem einzigen Handtuch für zwei Wochen, einem Schlafwinkel in der ungeheizten Abstellkammer unterm Dach für sich tun? Zu Mittag gab es oft nichts anderes als den unverkauften Kuchen und einen Topf mit Zichoriengebräu. „Was willst du, das ist bei uns so", wehrte Matthes verlegen ab. „Woanders ist es noch schlimmer." Als jedoch Achim, der Sohn des Reinhart senior, beim Meister vorsprach, gestand ihm dieser bald einiges für den Freund zu.
Matthes war dankbar. Achim spürte, daß er von dem jungen Bäcker viel lernen konnte. Und doch blieb er dem Vater jetzt eine Entgegnung schuldig. Dieser sprach von den Alteingesessenen, von den vier oder fünf guten Familien.
„Die langweilen mich. Von denen lerne ich nichts."
„Was möchtest du lernen?"
„Wie die Welt in Wirklichkeit ist."
„A bah, du mußt nicht immer lernen, du mußt auch genießen."
Es klang sonderbar, wenn der Vater das so sagte. Er rauchte dabei seine Trabuko, österreichische Regiezigarre, in kurzen, berstenden Zügen. Er trank einen durchsichtigen roten Vanillelikör. Und das Glas absetzend: „Die Alteingesessenen, auf die kommt es an. Da ist doch dieser Guericke. Beobachte nur einmal, wie sein Frack sitzt! Im Knopfloch eine ganze Rosette von Ordensbändern. Und die beiden Mädchen selbstverständlich im Töchterinstitut Marie Capelle ..."
„... Koblenz. Du sagtest es schon einmal."
Ja, die Eingesessenen. Man spürte direkt das Anziehen der Hinterbacken.

Zu den Eingesessenen, den Alteingesessenen, gehörte Alexandra. Nicht übel für seinen Sohn. Aber der kniff die Augen schon abwehrend zusammen, wenn er auch nur an ihr gekünsteltes „Jo – aber lieber Jojo!" dachte. Sie trug kein „von" im Namen wie Selma, aber sie war so vornehm, daß sie nur mit dem kleinen Finger auf die Leute zeigte. Ogottogott! Launisch und empfindsam wie Whitepineholz, das man zum Yachtendeck nimmt. Außerdem wusch sie sich nur mit einer bestimmten Seife vom Parfumeur Violet. Das Ding hatte ein besonderes Firmenzeichen aufgeprägt – à la Reine des Abeilles – und hieß Savon Thridace. Bloß nicht an diesen Geruch denken. Es war kaum ein kurzes Techtelmechtel gewesen. Er hatte Selma ja nur ein bißchen ärgern, aufstacheln, anspornen wollen. Sie war so scheu. Und er scheute sich auch, ihr näherzukommen, obwohl er es oft doch so sehr wünschte.

Der Vater war nicht kleinlich, wenn es um soziale Stufenleitern ging, aber wenn es sich um seinen Sohn und eine sich anbahnende Verbindung handelte, die vielleicht dauerhaft hätte werden können, da sortierte er sehr genau vor.

„Ist doch lächerlich. Witwen, Halbwaisen – da greife ich in meinen Fonds und basta. Aber Verkehr?"

Selma, das war die Kindheitsgespielin, die Vertraute von nebenan. Nicht mehr und nicht weniger.

Einige wußten von seinem Plan. Achim hatte sie einmal vorsichtig befragt, hatte sie mit dem Gedanken anfreunden wollen. Das eigentliche Ziel war: den Vater einkreisen. Die Mutter wollte er schonen, sie nicht belasten. Die weitere Verwandtschaft kam nicht sehr in Frage. Da war Ferdinand, der in der Firma arbeitete und eigentlich noch ziemlich jung war. Im Gymnasium hatte

er es gerade noch bis zum „Einjährigen“ gebracht und dann nur ein Jahr bei der Truppe dienen müssen. Er war ziemlich eigenmächtig bei seinen Transaktionen und manches ließ er auch in seine Tasche schlüpfen.
„Hinauswerfen!“ hatte der Vater gebrüllt. „Ich werfe ihn hinaus!“ Aber seine Frau belehrte ihn: „Verwandte wirft man nicht hinaus, von Verwandten löst man sich.“
Dabei hatte es der pfiffige Bursche nicht schlecht gemeint, aber gut vor allem eben mit sich selber. Einer der Unterdirektoren war ihm ins Garn gegangen, Ferdinand selbst bald darauf einem der anderen Unterdirektoren, dem gewisse Unregelmäßigkeiten aufgefallen waren und der begonnen hatte, ihn aufmerksam zu beobachten. Der Prinzipal führte gerade Verhandlungen mit der Filiale des großen Kaufhauses Mey & Edlich in Leipzig-Plogwitz. Ferdinand, Sohn eines Vetters des Vaters, sollte nun bis zum 1. Januar bleiben. Er war ja auch schlau, brachte Tips an. So hatte er Vater Balthasar zum Kauf einer „Crompten“ überredet. Das war ein Webstuhl für schwere Waren, für Burksinstoffe, der in Paris ausgestellt worden war und Ferdinands Aufmerksamkeit erregt hatte. Der Fabrikherr ließ zwei Stück davon kommen, erprobte sie und war zufrieden, aber er mochte Ferdinand nicht, nannte ihn einen Schleimer oder auch ein Wiesel, das auf den Hinterbeinen geht.

Ja, und dann gab es Onkel Edmund. Der war nicht so gewieft, aber er sagte manchmal Dinge, die einen aufhorchen ließen, wie: „Nur einer kann nicht Atheist sein – der Teufel.“ Onkel Edmund hatte es früher gut gehabt, jedoch sein ganzes Guthaben für „Dummheiten“ verbraucht, und jetzt handelte er mit Lotterielosen.
„Versuch, einen zornigen Menschen zu kitzeln, Achim, es geht nicht.“ Onkel Edmund war ein sehr entfernter

Verwandter. Was hatte ihn ausgerechnet nach Lüdenfeld verschlagen? „Damit's meiner Galle nicht zu gut geht!" sagte der Kaufherr.

Manchmal mußte man Edmund einladen. „Sag doch, Onkel Edmund, was hat dich aus – aus der ..." „Was mich aus der Bahn gebracht hat, Achim? Ich habe das Los einiger Menschen verbessern wollen, ihnen ihre Existenz aufgebaut und dabei nicht daran gedacht, daß ich die eigne skelettierte. Es ist nun wie ein Witz, aber es ist keiner, daß ich mit den Lotterien zu tun habe." Am 16. Juni würde die nächste Ziehung sein. Onkel Edmund hatte schon viel versucht und die Hoffnung immer noch nicht verloren, doch noch das große Los zu ziehen oder einem andern dazu zu verhelfen.
Aus der 81. Königlich Sächsischen war er hinausmanövriert worden. Aber die Böhmische Union-Bank duldete ihn noch als Hilfsvertreter, denn sie hatte einen Inkassoverkehr „zu äußerst gestellten Tarifsätzen". Dann war da noch die Prämienanleihe der Stadt Mailand, in Franken notiert. Und Edmund war auch in einer Kirschwassergesellschaft tätig gewesen, für Astralgas und für den neuen Universalkneter hatte er geworben. „Ich will es einmal mit dem neuen Einreibemittel versuchen, diesem Balsam Bilfinger. Du hast wohl davon gehört?"
Achim hatte nicht davon gehört. Edmund schüttelte den Kopf, zog dann mit den Fingern, was er des öfteren tat, spaßhaft seine Mundwinkel hoch und meinte: „Nun ja, ein alter Esel ist auch nicht grauer als ein junger. – Aber nun hör mal zu: Wenn du wirklich auf See willst, mußt du vorher unbedingt eine Marineschule absolvieren."
„Das will ich ja."
„Hm", machte der Onkel. „Und Hubert? Der könnte ihn doch überzeugen. Freilich, Hubert ist ein großer

Jäger vor dem Herrn, aber ein Feigling vor deinem Vater. Die Marineschule kostet schließlich Geld."
„Das ist es ja eben. Hier fangen die Schwierigkeiten an."
Der Onkel stand versonnen da. Vielleicht überlegte er eine Lotterie-Kombination. Aber das war selbst für einen künftigen Seemann ein zu schwankender Boden. „Wir sehen uns ja vorher noch", meinte Achim, ein wenig verdrossen darüber, daß der Onkel so viel fremde Existenzen aufgebaut hatte und jetzt selbst ein armer Hund war.
„Ich habe mir eine Woche Frist gesetzt, dann mache ich es ihm endgültig klar, daß ich zur See will, daß ich sein Geschäft nicht übernehme."
„Dort wie hier", entgegnete ihm der Losverkäufer, „ist das Leben nur ein Surrogat. Erwarte nicht zu viel."
„Ein Surrogat?"
„Und wenn sie noch so starke Fernrohre oder Sternrohre bauen, noch so hoch mit ihnen auf die Berge steigen, was sieht man schon durch das verdickte Glas? Zuerst und zuletzt doch nur den Dunst der Erde. Du bist ein lieber Kerl, auf dich macht alles noch solchen Eindruck. Du bist wie eine schwere Schiefertafel, nimmst alles auf, bist aber auch so zerbrechlich wie sie. Soll ich mit dem Vater reden?"
„Nein, das will ich selber tun. Wenn's so weit ist."

Um diese Zeit wurde der Ankauf eines neuen Grundstücks perfekt. Die Erweiterung sprach sich rasch herum. Die Frauen und Mädchen, die Blusenarbeiter und der Werkmeister grüßten Joachim meist schon wie den künftigen Herrn. Ich bin nur der Sohn, hätte er am liebsten gesagt. Wozu diese Devotheit? Ich habe doch gestern erst ein griechisches Exerzitium vermasselt. Ja, zum Feierabend quellen sie aus dem Tor, kommen wie aus einem Pferch. Und der Geruch aus der Fabrik geht als Miefwolke eine Weile mit ihnen, bis ein Windstoß die Wolke zerteilt hat. Manchmal guckt ihn eine der Arbeiterinnen recht keck an. Und immer dieses: „Der Herr Direktor.“ Die halbe Stadt gehörte schon Balthasar Reinhart.

Ein englischer Kunde, ein Lieferant, der im Hause auch genächtigt hatte, meinte: „Ihr Sohn, bester Mister Reinhart, ist ein Bedenklicher – er bedenkt alles. Ich möchte sagen, er ist ein Sozialboy. Ob das gut geht?“ Doch Vater Reinhart überhörte es und ließ sich beim Frühstück nicht weiter stören.

Balthasar Reinhart beschäftigte etwas anderes. Ferdinand hatte ihm letzthin etwas plausibel gemacht, wodurch weiteres Terrain zu gewinnen war. Eine gewisse Schläue, ja Gerissenheit war dem Ferdinand wirklich nicht abzusprechen. Dazu seine Gewandtheit im Schriftlichen, hatte er doch durch einen einzigen geschickt formulierten Brief an die maßgebende Firma in Paris geradezu ein Monopol für die Firma Reinhart in Lüdenfeld erreicht. So machte er dem Prinzipal klar, daß er unter anderm ein Knopfspezialist werden könne. Die Artenzahl der Damenknöpfe nehme doch unablässig zu. Immer mehr Sorten begannen sich durchzusetzen. Metall, Perlmutter, Papiermaché, Elfenbein, Coroso und Ebenholz – alles war immer mehr gefragt, und man würde nun in großem Maßstab überaus gunstig beliefert werden von den Herren Weldon & Weil. Es ging ja nicht nur um die kleinen süßen Metallknöpfchen zum Befestigen der Tragbänder, von denen offiziell zwölf Dutzend für zweieinhalb Silbergroschen verkauft wurden.

„Livreeknöpfe“, hatte Ferdinand dringlich auf ihn eingeredet, „vor allem Livreeknöpfe! Die solltest du, Verehrtester, in Eigenfabrikation herstellen. Die Sache ist im

Kommen. Bald hält sich jeder Sprottenhändler einen Livrierten."
Onkel Ferdinand würde der Firma und dem Haus vorläufig also doch erhalten bleiben.

Hubert war bestimmt kein „Sozialboy". Er hatte es schon zu vielen Semestern, aber noch zu keinem Abschluß gebracht. Besonders die Schnepfenjagd hatte es ihm angetan. Und er lud Achim dazu ein. Der Vater duldete diesen Umgang, weil er vielleicht hoffte, daß die langjährigen Studien des alternden Hubert ein wenig Jus auf seinen Filius abfärben würden, zum mindesten eine Vorliebe dafür. Aber Achim konnte für keins von beidem, weder für die Schießerei noch für die Paragraphenreiterei, auch nur etwas Sympathie aufbringen. Die Panne mit der Kastenfalle hing ihm noch lange im Gemüt. Das war schon eine Weile her, Hubert absolvierte damals sein erstes Semester. Er wußte schon viel von zweibeinigen Mädchen und vierbeinigen Räubern. Es gab den Unterschied von Raubzeug und Raubwild. Der Iltis stand auf der Grenze. Es war Mode geworden, kostbare Fasanen halb wild herumlaufen zu lassen. Sie lösen sich ungern vom Boden, haben Schwerkraft in den Federschäften. Mit Korinthen und Rosinen suchte man einander die Fasanen wegzulocken. Im Winter gab man ihnen sogar Topinamburknollen. Es waren also kostbare Tiere, die man da fütterte. Den Mardern gibberte die Zunge im Hals, wüster noch waren die Iltisse. Fallen aufzustellen war nicht erlaubt, aber auch nicht verboten. Matthes war mit von der Partie, wie immer, wenn er gebraucht wurde, trotz seiner kargen Freizeit. Beide wußten schon, von Hubert instruiert, die kleinen Losungswürstchen des Marders zu beurteilen, die des Steinmarders rochen weniger gut. Karnickelwolle fand

sich in beiden. Der Iltis deponierte seine bleistiftdünnen Kotspiralen gern an Bächen.
Aber Hubert hatte gewarnt: „Gebt acht auf die Drüsen! Kein wirklich feiner Jagdhund, der etwas auf sich hält, wird einen Iltis anfassen."
Achim und Matthes wollten alles besonders gut machen. Sie studierten die trocknen Gräben, die Zwangswechsel, sie schnitten ein Loch in eine Hecke und bauten eine selbstgezimmerte Falle. Sie verblendeten sie so gut, daß sie Mühe hatten, das hölzerne Schlagding wiederzufinden. Sie hatten Körner hineingetan, um den Iltis anzulocken.
Die Falle blieb leer, rechts und links davon wurde gefangen. Auch die Förster und die privaten Jäger waren am Werk.
„Heute haben wir einen", meldete Achim seinem Freund Matthes, und sie pirschten sich heran, freuten sich auf den Fang, die schwarze Nase des Tieres, die schwarzbraunen Pranken – und schon von weitem spürten sie, daß Leben in der Falle war. Sie näherten sich auf allen Vieren, ganz langsam, mit Schweißtropfen auf der Stirn und am Körper, lautlos. Sie konnten jedoch nichts Lebendiges sonst wahrnehmen. Mit weit vorgestreckter Hand lüpfte Achim die Falle, und sie fuhren beide zurück.
Ein wundervolles Tier saß da gefangen, halb totgeschlagen, das Genick angebrochen, die Schmuckfedern zerrauft. Kein Iltis.
„Ein Goldfasan", flüsterte Achim. „Wir hätten den Einschlupf kleiner machen müssen, Stöcke einklemmen. Hubert sagte es doch."
„Vielleicht ist es nur ein Kupferfasan", versuchte Matthes den Kameraden und sich zu trösten.
Sie mußten das Tier vollends totschlagen. Mit halb

abgewandten Gesichtern taten sie es. Für eine Silbermünze verkauften sie die Beute einem ziehenden Händler und waren erleichtert. Sein Versprechen, zu schweigen, war miteingeschlossen.
Daß ihn Hubert, der Vielsemestrige, für die Studentenvereinigung, der er angehörte, zu gewinnen versuchte, war wohl auch im Sinn des Vaters. Dieser hatte mit Huberts Vater ein Geschäft abgewickelt. Mit wem wickelte Balthasar Reinhart keine Geschäfte ab?
Huberts Monatswechsel reichte aus, um sich nichts versagen zu müssen. Genüsse genießen zu lernen war auch ein Studium. Weibergeschichten, davon hatte er ein ganzes Spind voll. Doch redete er nicht viel zu Achim von dieser Sparte, blieb delikat, wofür ihm Achim dankbar war. Hubert soff auch nicht herum, fühlte sich aber wohl bei dieser Wanderschaft von Punsch zu Punsch, von Pirsch zu Pirsch. Es ließen sich damit keine vehementen Fortschritte in der Jurisprudenz verknüpfen, aber das Leben war schön so. Und er schmückte sich als haushoch Inaktiver mit dem Band seiner Verbindung. „Paß auf, ein Semester, und schon wirst du geburscht."
„Schon nach einem Semester?"
„Bei manchen Korporationen mindestens anderthalb."
Die künftigen Burschenschafter prügelten sich mit den künftigen Angehörigen der Landsmannschaften. Manche gierten geradezu nach den blutigen Furchen einer schlagenden Verbindung, manche schauderten davor zurück. Der eine oder andere würde in eine Adligen-Korporation eintreten. Andere aber beschlossen, „Wilde" zu bleiben, pfiffen auf den Kommers und versprachen sich mehr vom radikalen Geldverdienen, vom internationalen Commerz. Man schrieb eben nicht mehr die Jahre vor 1870.
Zur Schnepfenjagd waren sie statt mit dem Jagdwagen einen längeren Weg mit der Bahn gefahren, diesmal ohne

Matthes. Während der Heimfahrt erzählte Achim, was er vorhatte.
„Dein Alter will doch, daß du Couleur machst. Und überhaupt . . ."
„Ich gehe auf See, Hubert, daran ist nichts mehr zu ändern."
„Das ist aber schlimm für deinen alten Herrn. Sag mir nur nicht, daß ich es ihm beibringen soll."
Und Hubert wollte ihn von dem Wohlgeschmack überzeugen, von der Delikatesse: Schnepfendreck.
„Nur Ästhetiker mögen keinen Schnepfendreck – na, prost, mein Freund! Prost, Maturant! Essen wir diese appetitlichen Würmer, bevor uns die Würmer verspeisen!"

Warum ließ man ihn so allein? Freilich, Selma, sie hatte ihn zuletzt doch verstanden. Beim erstenmal, als er darüber zu ihr gesprochen hatte, war sie gar nicht überrascht gewesen. Das verletzte ihn beinah.
„Aber dein Vater will doch, daß du studierst. Jus. Und dann Firmenkunde."
„Ja, das will er. Ich bleibe nicht hier. Wenn ich die Matura habe, geh ich auf See."
Sie scharrte unwillig mit dem rechten Fuß in der Erde, lehnte sich an den trennenden Zaun, um nicht noch mehr Abstand zu schaffen. Sie war ihm kleinstädtisch zugeordnet, seit langem, sie wollte aber nichts von ihm. Umgekehrt war es bisher genau so gewesen.
„Na, komm doch einen Sprung herein." „Ich springe nicht, wenn mich einer ruft." „Bist du etwa keine Antilope?" „Ja, wenn du ein Nashorn bist."
Sie lachten gleichzeitig. Selma hatte ein schmales Gesicht, dem das Lachen gut stand, dann wurde es pausbäckig, lebensstark, und er hätte sie in die Wangen kneifen

mögen, sie anfassen, ja umarmen! Das war's. Aber er wollte sich beherrschen, dem Vater keinen Anlaß geben. Spürte er doch vom Rücken her, daß er beobachtet wurde, daß er vielleicht beobachtet wurde. Ob wirklich oder nicht, es genügte dieser Druck am Wirbel seines Kopfes, und er ließ Selma gehen.

Das nächste Mal trafen sie sich an der Rotbuche, im Reinhartschen Garten. „Wie gepflegt hier alles ist", meinte Selma.
„Wenn ihr einen Garten hättet, wäre er auch so gepflegt."
Aber er wußte, daß sie in ausgesprochen ärmlichen Verhältnissen lebten. Auf der Plusseite gab es höchstens einen Bruder der Witwe, einen Rittmeister a. D., Amtsrat auf einer königlichen Domäne.
Immerhin konnte Selma zu Hause bleiben, mußte nicht in einer der Fabriken seines Vaters als Näherin arbeiten, zehn Stunden und mehr, auch am Sonnabendnachmittag. Und die Frauen und Mädchen waren alle doch meist schon an den gewöhnlichen Arbeitstagen matt wie die Oktoberfliegen. Der Saalmeister kam dann und wirbelte sie auf, und die Nähmaschinen surrten wieder, doppelt so schnell. Hände, viele Hände, zerstochen, mit Hornkappen.

Er war eben doch wohl ein Sozialboy, wie der Engländer gesagt hatte.
„Komm, setzen wir uns auf den Boden, hier, ins Gras."
„Auf den Boden? Warum auf den Boden?" widersprach sie verwirrt.
„Ich möchte wissen, daß er nicht bebt", stammelte er. Sie hatte den Mund nicht verzogen.
„Aber es gibt jeden Tag mindestens ein Erdbeben auf der Welt. Wir haben es doch gut hier."

Er hob die Schultern wie einer, der friert. „Ach, wir müßten gar nicht reden."
„Nein?"
„Mutter würde dich gern einmal sehen. Sie würde sich freuen."
„Ja?"
„Oder soll ich mal wieder zu euch kommen und mit dir vierhändig spielen? Die Clementi-Sonate ging doch letztesmal ganz passabel."
„Gerne, Achim. Meine Mutter ist sicher einverstanden."
„Also nach fünf, bevor's dunkel wird?"

Langsam ging Achim zur verabredeten Stunde über den frisch geharkten Kiesweg, das Knirschen der Steinchen unter seinen Schuhen möglichst vermeidend. Er hatte auch noch Zeit, war etwas zu früh dran. Er beobachtete, wie der Gärtner in einem leeren Beet die Erde lockerte.
„Guten Abend, Philipp! Noch nicht Schluß? Wird ja bald finster. Was werden Sie denn da pflanzen?"
„Wünsch ich auch, Herr Joachim. Naja, morgen was aus'm Treibhaus. Die Wicken sind nicht aufgegangen. Der Boden war nur obenhin trocken und die Nächte hatten noch zuviel Frost. Aber der Herr Vater wollte unbedingt, daß ich ..."
Ja, Achim wußte: was der Vater wollte, wollte er unbedingt.
Den Gärtner Philipp gab es, seit es Achim gab. Er half auch sonst im Haus, in der Küche, brachte manches wieder in Ordnung bei den Geräten, denn er war handwerklich sehr geschickt und wußte auch mit den Angestellten umzugehen; „'s ist überall mal 'ne Schraube lose", pflegte er zu sagen.
Achim und der Gärtner schauten sich in die Augen, und einer lächelte den andern an.

Die Lichter waren schon angezündet, obwohl das Tageslicht noch gereicht hätte. Es sollte aber ein wenig Festlichkeit entstehen und zugleich Selmas Mutter eine Handarbeit ermöglichen. Das Zimmer war dadurch viel freundlicher, nobler, als er es in Erinnerung hatte. Sie wollten die zweite Sonate von Clementi als erste spielen. Er übernahm den Secondo, sie den Primo. Es war ein liebliches Einherbummeln auf Schwarz und Weiß. Sie kannten das Stück ja schon. Jede Hand hatte ihren Bezirk. Dann spielten sie die Sonate in C-Dur. Selmas Fingerspitzen liefen über die Tasten, nur antupfend. Er freute sich darauf, wie er mit dem harten Forte dreinschlagen, sie damit erschrecken würde. Er sah sie von der Seite an, sie drehte den Kopf leicht zu ihm, und es traf ihn das warme Blau ihrer Augen. Und jetzt wurde es erst richtig schön. Immer wieder mußte Achim über ihre Hand hinweg die Oktave und große Septime greifen. Es war größtmögliche Nähe ohne Berührung. Die halben Noten, die sie zu spielen hatte, bebten schwach und beharrlich zu ihm auf. Es war köstlich. Sie waren nicht nur einig, sie waren eins. Daß sie es früher nicht so empfunden hatten! Wie waren sie doch tief in ihrer Kindlichkeit befangen gewesen! Diese Stunde hatte alles gelöst. Von jetzt an gehörten sie zusammen. Das wußte er. Das wußten beide.

Bald darauf trafen sie sich wieder, ohne vorherige Absprache, bei der großen Platane am Stadtrand, unweit der Seilerei Tribscher. Der Himmel war mit schweren Wolken bezogen, es begann plötzlich zu regnen, die Wasser stürzten hernieder, und es war selbstverständlich, daß sie beide unter den Baum flüchteten, Hand in Hand über die immer breiter werdenden Lachen springend. Als das Blätterdach undicht wurde und immer mehr Regenschnüre niederprasselten, zog Achim seinen Rock aus und stülpte ihn über seinen Kopf und das sich kräuselnde Haar des Mädchens. So standen sie nicht nur unterm Schutz des Baumes, sie waren verhüllt und vereint. Mit dem linken Arm griff er um ihre Taille, die mädchenhaft schlanke, tastete ihren Leib entlang. Das Kleid war ganz durchnäßt. Sie drückten sich aneinander, Körper an Körper, Lippe an Lippe. Der Junge fast grob, fordernd, das Mädchen zuerst stumm nachgebend, dann ihn sacht, aber bestimmt abwehrend, ihn von sich schiebend.

„Geh fort – aber komm wieder, ja?" Sie drängte ihn ganz weit von sich, hielt ihn mit den Augen fest. Er nickte. „Ich verspreche es dir."

„Wir haben gesiegt, und alles wird teurer!" polterte der Fabrikant. Er hielt nicht viel vom kleinen Mann auf der Straße, aber in diesem Punkt gab er ihm recht. Die Schweinepreise steigen, die Setzerlöhne steigen, die Papierpreise steigen, die Milch ist auch teurer und dazu dünner geworden, die Eisenbahn holt den Menschen von der Küste die Fische weg, das Eis wird draufgeschlagen, mit Gewicht und Preiserhöhungen. Alles ist mit allem verknüpft auf die empfindlichste Weise. Wird die Seidenraupe im Süden krank, kann der höhere Beamte im Norden seiner Frau nicht mehr Atlas kaufen. An den Wurzeln der südfranzösischen Reben zehrte ein emsiges Insekt. Traubenfäule kam hinzu, und nun wurde auch der Wein teurer. Innerhalb weniger Wochen mußte die Bank von England ihren Zinsfuß von zwei auf fünf Prozent erhöhen. Das kam von der Allianz mit Paris. Die akzeptierten Wechsel drückten: fünf Milliarden Franken, aus Frankreich in das Siegerland gepumpt, waren keine Bagatelle.

Balthasar Reinharts neues Wohnhaus war rechtzeitig fertig geworden, so daß er mit den herangereisten

Partnern die Vereinbarungen in der von ihm bestimmten Atmosphäre absprechen konnte. Es gab in der Stadt kein Hotel, das gut genug als Folie für die mehr oder weniger illustren Besucher gewesen wäre. Er hatte vieles zusammengetragen, herbeischaffen lassen. Teppiche aus dem Orient? Selbstverständlich. Selbstverständlich auch genagelte Sammetstühle. Über Palmwedel und Pfauenfedern lachte der Fabrikant nur, und er wollte auch nicht die üblichen Riesenrispen sowie das ungetüme „Kameltaschensofa“ mit seinen Säulchen und Schwellungen. Aber natürlich mußte ein guter Diwan mit Teppichbewurf und Überbau da sein. Kam dann so ein fast bankrotter Spinnereifabrikant und wurde durch die Räumlichkeiten geführt, so gab er von vornherein nach, froh, daß man ihm einen kleinen Erlös zugestand, und er, Balthasar Reinhart, war wieder einmal mit seinem massiven Willen einen ordentlichen Sprung vorangekommen.

Praktisch war dieses Haus schon, das mußte man zugeben. Ein Nußbaumbarometer neuester Ausführung, im begehbaren Vorratsschrank weißgelbe Bretter mit eingesägten Löchern für die Eier, es gab da und dort Schwerpunkte, die auf besondere Weise überzeugen sollten, wie der Fischbehälter, auf den Reinhart stolz war und der niemals seinen Eindruck verfehlte. Die Marmorplatte hatte runde Ecken, überreich mit eingravierten Blumen und Ranken geschmückt. Aus dem kiesbedeckten Grund des Bassins strömte eine unermüdliche Sauerstoff-Fontäne. „Wollen Sie noch den Weinkeller sehen?“ „Nein, danke“, sagte der andere dann erschöpft und unterschrieb.

Die große Innentreppe war ein besonderes Problem gewesen. Es hatte sogar Streit aufgezüngelt. Schließlich gab die Hausfrau nach. Also nicht Esche, sondern Mahagoni. „Aber irgendwie finde ich das klobig, ja

klotzig", meinte sie resignierend. Und so wurde auf dem Absatz vor der großen Wendung leichteres Material genommen – was denn am besten? Zeder, natürlich Zeder. Hier sollte das Zarte überwiegen. „Man kann sehen, wie ich nach oben komme. Unten die Anstrengung, oben das Spielerische. Machen wir doch ein Gitter drum, machen wir einen Laufstall draus, wer weiß, Sidonie, wer weiß –"
„Ich bin über vierzig", belehrte sie ihn.
„Na und? Hat man nicht schon ganz anderes gehört?"
Boudoir, Schlafzimmer, Ankleidezimmer, Badezimmer, das war eine der Gruppierungen, die behagliche Closettstube nicht zu vergessen. Räucherpfannen und rosa eingekleidete Lampen.
Der Salon war Konferenzraum. Für zwecklose Feierlichkeiten hatte Balthasar Reinhart keinen Sinn. Alles mußte seinen Zweck erfüllen, seinen Zwecken dienlich sein.
Er war immer in Bewegung. Alles an ihm war in Bewegung. Er konnte nicht gehen, ohne zu takten. Mit den Fingern, mit den Armen, mit den Beinen. Dabei war er nicht ganz so im Takt, wie er meinte. Vom Habenichts zum kaufmännischen Großkophta aufzusteigen, das brachte Gravüren mit sich, Herzgravüren.
In diesem Punkt gab Frau Sidonie nicht nach. Er mußte sich schließlich untersuchen lassen, klagte er doch selber über blasende, kratzende Geräusche. Manchmal wie Musik, ein Sirren und Schwirren.
„Es könnte eine Endokarditis an den Aortenklappen sein", sagte der Arzt, „oder eine Mitralis. So etwas kommt bei Riß eines erkrankten Sehnenfadens vor. Keine zu großen Anstrengungen bitte."
Balthasar Reinhart aber, mit der Faust ausholend und sie sacht auf den Herzmuskel legend: „Und da sagt ihr immer, ich sei unmusikalisch!"

II

Im „Blauen Fuchs“ war hörbar Pause. Noch saß Achim auf der Lehne der Bank, die Füße auf dem Sitz. Er hörte die Schwaden der Musik, spürte den Schwof der Dienstmädchen im großen Zeh. Und das bedeutete für ihn: versuchen wollen, dem Unentrinnbaren zu entrinnen.
Da er keinen Ausweg mehr sah, wollte er wenigstens einen Umweg machen. Es zog ihn zu der Platane bei der Seilerei. Aber dann entschloß er sich, geradewegs sein Ziel anzusteuern. Heimzu – ins Vaterhaus – ins Haus des Vaters.
Der Herr war zu Hause, ja. Ganz allein, wartete, vielleicht ohne es zu wissen, auf ihn. Aber was war er, Joachim, kurz Achim genannt, gegen ihn? Ein Unschlüssiger, ein Sohn. Und doch: Ich bin ich, du aber sagst immer: wir.
Achim hatte den Schlüssel in der Hand, schloß umständlich auf, trampelte ein bißchen mit den Füßen, als ob es sehr geregnet hätte, schob die Tür von innen ins Schloß, sah zwei Lampen im Vestibül, eigentlich nur Notlampen. In dieser Hinsicht war der Prinzipal sparsam.
„Na also“, kam es von oben herab, doch nicht ohne einen verlegnen Zusatz. Der Vater stand oben auf dem Treppenpodest, das er für den imaginären Nachwuchs hatte zimmern lassen. Er trug einen mehrfarbigen Morgenmantel auf der bloßen Haut. Das war um diese Zeit verblüffend. „Jo“, hatte die Mutter einmal zu Achim gesagt, „Jo, es ist nicht gut, wenn Papa so lila anläuft.“ Es war, als ob Balthasar Reinhart mit dem selbst ausgewählten Textil in all seinen Schattierungen von Flieder bis Kardinal zeigen wollte, was wirklich ein Lila ist. „Das ist vital“, knurrte er gegen Proteste an. „Man trägt das jetzt so.“
Sie standen sich schon eine Zeitlang wortlos mit großem

Abstand gegenüber, da sagte Achim: „Guten Abend.“ Und Balthasar Reinhart: „Ich bin gerade dabei, ein Bad zu nehmen.“
Baden ohne Bedienung? Achim wunderte sich. „Es ist aber niemand im Hause, Vater.“
„Eben darum. Ich genieße diese Stille. Ich möchte medite . . ., medite . . .“
„Mediterran“, schlug Achim vor.
„Quatsch. Ich möchte meditieren. Man hat dauernd so viel Wirbel im Kopf. Da tut es gut, einmal . . . aber warum bleibst du wie angenagelt stehen?“
„Ich möchte . . . ich muß mit dir sprechen, Vater.“
Der Vater streckte die Hand nach einem großen, anscheinend technischen Gegenstand aus, der auf dem Treppenabsatz stand, in Packpapier gehüllt, aber schon lose geöffnet, so daß eine mächtige Tellerwaage zu erkennen war. „Hast du es denn nicht gesehen?“ fragte der Hausherr, wie um eine Verlegenheit zu kaschieren. „Dreh dich mal um, Junge.“ Achim wandte sich nach der anderen Seite und starrte auf das Riemenparkett, auf den Teppich mit dem Sujet „Pfauen und Eulen“.
„Ich werde nämlich ein bißchen schwer und will doch mal gleich feststellen, wollte es ohnehin gerade . . .“
Achim glaubte zu hören, wie der Mantel die Haut hinunterrutschte. Er stierte jetzt auf einen Öldruck von Robert Beyschlag, der ein Liebespaar in Renaissancetracht zeigte. Und er hörte: „Ja, das ist zuviel, ob mit oder ohne Morgenmantel. Das muß anders werden. 95 Kilo und 400 Gramm. Zum mindesten sollen die vierhundert weg.“
Achim begriff, daß der Vater die ganze Veranstaltung auf eine Zeit gelegt hatte, in der ihn keiner im Haus kontrollieren konnte, am wenigsten seine Frau Sidonie. Er wollte gewiß ein zu heißes Bad nehmen, eine

Dampfkur, Roßkur machen. Das hätte die Mutter wegen der zeitweisen Herzbeschwerden des Prinzipals nicht erlaubt.
Schnell muß es jetzt gehen, sehr schnell. Ehe sich irgendetwas an dieser verwünscht erwünschten Zweisamkeit ändert. Wenn zum Beispiel die Wirtschafterin mit dem Kuchenbacken für das Sonntagskind . . .

„Ich wollte es dir schon längst sagen. Ich habe es eigentlich schon gesagt, schon öfters; das Meer, weißt du, das Leben auf dem Meer . . .“
Beschwichtigend fuhr die rechte Hand des Vaters hoch. „Aber das ist ja klar. Darüber haben wir längst gesprochen. Sobald du das Examen gebaut hast, bekommst du deine Seereise.“
Und er wandte sich mit einem Ruck der Treppe zu, erstieg sie rasch, während Achim, das Mitglied der Gymnasial-OI, ihm folgte und leise, aber ohne abzusetzen, in den Rücken des Vorgängers hineinsprach.
„Dazu“, sagte oben der Hausherr, „dazu muß ich mich doch wohl anziehen. Aber sprich ruhig weiter . . .“ Die Tür zum Schlafzimmer blieb einen schmalen Spalt offen. „Es ist beinah zu finster hier.“ Achim hörte, wie der Vater halb zu sich selber sprach. „Sie sollten schon mit dem neuen oxyhydrischen Licht anfangen, das ist viel reiner als das trübsinnige Gas. Man hat da jetzt so eine Kristallfontäne ausgestellt. Es ist immer nötig, mit der Zeit zu gehen. Wo ist denn – verflucht noch mal –, weißt du, die Amerikaner, das sind pfiffige Burschen. An dem Selfaktor ist ihnen nichts gelegen. Bei denen zählen nur die Ringspinnereimaschinen. Na, man paßt sich eben an – paßt sich eben an. Verflucht noch mal, die Strümpfe.“
„Ich hatte gedacht“, ermannte sich der Junge, „ich hatte gedacht, auf Steinwärder bei Hamburg die Seemanns-

schule zu besuchen und dann eventuell zur Handelsmarine ..."
Im Schlafzimmer war es ganz still geworden. Klumpen von Lautlosigkeit. Jetzt war es wie ein Geräusper und Gerassel, als sei ein Vierteljahrhundertskatarrh wegzuräumen. Der Vater tappte in Prunkpantoffeln heran. Er trug noch den wattierten Mantel, dazu eine mächtige Unterhose – Spezialanfertigung – und die hohen Socken.
„Wie? Was sagst du da? Ich hatte ja schon im Frühjahr, als die Sache mit diesem lächerlichen Erdbeben passierte und ein paar Mokkatassen zu bibbern anfingen, ich hatte ja schon damals ein bißchen das Gefühl: mein Sohn leidet gelegentlich an einem Klaps. Nichts für ungut, Jo."
Sie redeten aneinander entlang – noch nicht sehr laut, aber doch schon wie zwei Gartenwächter, die sich heftig am Zaun hinbewegen und mit aufgerissenem Mund durch das Gitter, hastend und hüpfend, aufeinander einzuwirken bemüht sind.
„Du wirst Doktor der Gerechtigkeit werden, daran ist nichts zu ändern – das ist nun einmal so – du hast ja auch nie widersprochen in all der Zeit. Und wenn du den Doktor der Gerechtigkeit hast, dann wirst du zwei Jahre bei mir volontieren und dann, Jo, dann Joachim, dann kommst du mit einem Sprung nach oben, du übernimmst die Firma, natürlich mit den bewährten Unterdirektoren – so lange, genau so lange werde ich durchhalten, ja, bis dieser Punkt erreicht ist. Also das Programm: du studierst, wirst Doktor der Gerechtigkeit ..."
„Sag nicht immer Doktor der Gerechtigkeit!"
„Du läßt dich Ostern immatrikulieren, damit dir das Semester schon angerechnet wird, und machst – am besten wohl in den großen Ferien – eine Seereise. Dann studierst du Jura und kümmerst dich auch um Wirtschaftslehre ..."

„Aber es liegt mir nicht, Vater. Es liegt mir ganz und gar nicht."

„Bilde dir doch nicht ein, daß ich immer nur Dinge praktiziert habe, die mir lagen. Wenn es nun einmal sinnvoll ist, daß du diesen Weg, der ja vorgebahnt ist, einschlägst, dann mußt du ihn eben einschlagen, da gibt es gar kein Hin und Her. Du hast das Glück dicht vor den Händen, du mußt es nur annehmen. Ein Abiturient wird kein Schiffsjunge. Ich bin nicht der Vater eines Idioten. Was hat dich denn nur darauf gebracht? Zuviel Cooper und Marryat gelesen?"

„Ich weiß nicht genau, wie das kam. Es ist aber wie ein Zwang in mir."

„Dann werden wir Gegenzwang anwenden."

„Es wird dir wenig nützen, Vater."

„Soll das eine Drohung sein, du Kalixtiner?" Zum ersten Mal hatte der Bademantel gebrüllt. „Wozu denn das ganze Hochgeschultsein? Merkst du gar nicht den fürchterlichen Unsinn deines Lebens? Du hast mit Sophokles und Sokrates Umgang, und nachher willst du irgendwo auf dem Bauch liegen und das Deck scheuern? Vielleicht hat ein Offizier gerade hingekotzt." Er wiederholte das. Es gefiel ihm. „Vielleicht hat ein Offizier ..."

„Ja", unterbrach ihn der Sohn, „ich hätte vielleicht mit fünfzehn abgehen müssen."

„So? Und da möchtest du wohl Admiral werden? Ist das so, habe ich recht?"

„Vielleicht."

„Du bist ja viel dümmer als ich gedacht hatte. Du denkst, es wird einer Schiffsjunge, dann OI – dabei bist du ja jetzt schon OI, Oberprimaner – und dann noch mit einem Salto Konter- oder Hauptadmiral. Ja, wenn du neunzig Jahre alt wirst ... Ich sag dir aber, du steckst im Geschäft drin. Da ist überhaupt nichts mehr zu manipu-

lieren. In jeder Zahl, in jeder Eintragung des Hauptbuches steckst du drin."
Joachim schwieg. Aber lautlos sagte es in ihm: Warum hast du nur einen Sohn? Warum gibt es nur mich? Wenn da etwas fehlt, ist das mein Fehler? Warum ist da nicht ein Töchterchen, ein Geschwist, das mit seinem Lachen ...
„Sagtest du etwas? Was läuft dir da über den Adamsapfel? Heraus mit der Sprache! Nichts verschlucken, Achimlein. Aber hör zu, im Ernst gesprochen: wir brauchen dich. Alles hier braucht dich. Die Entwicklung, der Fortschritt, die Rasanz. Machen wir uns doch nichts vor: beispielsweise die Wheeler-Wilson ist doch schon eine ehrwürdige Tante. Auf allen Gebieten bahnt sich Neues an. He, und da soll ich ohne dich auskommen? Die Kettelmaschinen, die motorischen Zuschneideapparaturen – sie liegen doch schon in der Luft. Die Hochleistungs-Strickereimaschinen neuesten Typs, man arbeitet daran in den Konstruktionsbüros."
Sie sitzen im Salon. Der Mann redet. Er redet und redet. Er kann gut reden. Wen hat er nicht schon überredet!
Achim weiß wieder nicht, wo er den Blick lassen soll, wenn er dem da schon nicht das Gehör versagt. Im Regal dort weltfremde Weisheiten, in Schweinsleder gebunden. Auf dem Ständer eine japanische Goldgrundvase, blau und smaragden emailliert. Man müßte sie in beide Hände nehmen – die Scherben über Nacht liegenlassen. Und plötzlich eine große Verlassenheit. Ja, das ist der Salon. Hier hat sich schon manches getan. Reinhart senior redet. Redet.
In Achims Zimmer oben hängt ein Bild, ein Blatt, ungerahmt, mit dem Titel „Im Wogenprall". Er hat es in der Zeitschrift „Über Land und Meer" entdeckt und ausgeschnitten. Die Wand hier ist teures Holz, drüber Mörtelputz, verkleidet, wo die Flächen zusammensto-

ßen, Stuckverkehlung, alles umhüllt, dreifach, nur der Vater fast nackt. Die dicke Gürtelschnur wie ein Schlauch um den Unterleib.

Wie kommen wir hier heraus? Es muß heute entschieden werden. Vertagung ist nicht mehr möglich. Ob der Vater schon das Wasser eingelassen hat? Baden will er, der Gute, der gemeine Despot. Ein paar Grad Hitze hat er sicher schon verloren. 400 Gramm will er im Dampf abnehmen, mindestens.

Warum gibt es ihn? Was soll er in dieser Vaterwelt? Sitzt er nicht da wie das Konzentrat des fremden Willens? Des fremden, freien Willens. Nein, auch der Vater hat eine gebundene Route. Er ist vor ihm dagewesen. Er aber, Joachim Reinhart, will eine Welt für sich sein. Er könnte einfach sagen: Ich hasse die Häßlichkeit dieses schönen Lebens.

Es muß zu Ende gebracht werden. Bis Ostern warten? Sechs Monate Abiturschinderei? Maturität für die Seemannsschule auf Steinwärder? Aber wer würde das bezahlen? Wer die Erlaubnis geben? Er war noch nicht einundzwanzig. Er war noch nicht einmal zwanzig. Er war in der Gewalt eines Menschen, der viel Verstand hatte, aber nicht das geringste Verständnis, in der Gewalt eines Mannes, der 95 Kilo und darüber wog. Er lebte in einer Welt, deren Ausstattung auf dem Weg von der Gediegenheit zum Protzigen vorrückte. Es ging ihn nichts an. Er war zufällig hier entstanden, hier groß geworden. Zufällig? Nein, er wollte nicht feige die Tatsachen kaschieren. Es war für den Alten schon bitter. Es ging ihm – ohne Frage – an die Nieren, ans Herz.

„Reinigung der Kammwolle ... Schurwolle ... Teilhaberschaften ins Handelsregister eingetragen ... Dauerdruck auf Sidonie ... will sagen: auf deine Mutter.“

„Es tut mir ja leid", meinte Achim. Und ohne Laut: Könntet ihr nicht drei, vier Söhne haben?
Von der höheren Webschule für Industrie sprach der Prinzipal jetzt. Das wäre doch etwas. Dummes Zeug, Seemannsschule auf Steinwerder – aber dies hier, Freiheit, Schwung, Berlin, ja Berlin! Ist irgendwie einzugliedern. Und das neue große Modell, an dem man in der Firma Reinhart schon arbeite. Der „Leviathan" für Waschung en gros – gewiß, noch Versuchsstadium, aber letzte Weihnachten habe sich Achim doch dazu geäußert, direkt Interesse gezeigt. Leugne er das?
Er leugne das nicht, erwiderte Achim.
„Na siehst du – aber paß auf. Jetzt tragen wir es zusammen . . ."
„Was tragen wir zusammen?"
„Die Prüfscheibe da unten."
„Diese monströse Waage? Wer hat sie denn hergebracht?"
„Die Spedition natürlich."
Achim erhob sich. „Hätten das nicht die Männer . . .?"
„Der Diener sollte es mit dem Hausmädchen nach oben schaffen. Ich dachte: Das ist gut gegen den Leichtsinn, damit sie eine Vorstellung bekommen."
Beide faßten an, trugen im Gleichschritt zusammen die Last und stellten sie vor der Treppe erst einmal ab. Der Vater wischte sich mit dem Handrücken über die Stirn.
„Warum hast du nicht noch einen Sohn?" fragte Achim leise.
Nur ein bißchen violette Tünche in den Zügen des Vaters zeigte, daß er es gehört hatte. Sehr ruhig fragte er: „Mit wem hast du denn sonst darüber gesprochen? Reihum erzählt? Mit dem Hubert habe ich neulich einen Disput gehabt wegen der Verbindung, in die du eintreten sollst. Der scheint es jedenfalls nicht ernst genommen zu haben.

Ist selber schon ein zu altes Semester. Und Selma?"
„Die laß bitte aus dem Spiel."
Auch das überhörte der Vater. „Selma, die kleine Turtel aus deiner Teddyzeit. Sieh mal an. Direkt ein Ritter. Paßt ja zu ihrem: geborene ‚von'. Na, laß mich doch. Später habt ihr zusammen auf demselben Schaukelpferd gesessen. So klein ist sie ja nun nicht mehr, ziemlich hochgeschossen. Ganz hübsch, zugegeben, aber eben die berühmte Kirchenmaus."
„Ich bitte dich in aller Form, nicht mehr von Selma zu reden."
„Ich rede wie und von wem es mir paßt. Das merk dir erst einmal für den Anfang. Daß du einen kleinen Stich zu ihr hin hast, weiß ich ja. Daß ich ein Auge zudrücke, weißt du auch. In diesem Gedicht da, wo der Knabe das Veilchen anseufzt – wie heißt es doch? Halt, hiergeblieben! Oder komm mit mir nach oben. Wenn du zu Ostern weggehen würdest, für lange, würde sie da nicht Tränen vergießen? Und du selber? Daran erkennst du den Unsinn. Mit der Universität ist das etwas anderes. Kurze Entfernungen, schnelle Eisenbahnzüge. Ja, jetzt hab ich's. Ist der Vers nicht von Overbeck? ‚Sollt ich Lotten missen, weinet ich mich blind.' Nein, laß das stehen. Der Diener und das Mädchen. Was wollte ich doch?"
„Baden."
Der lichte Schädel mit dem kräftigen Schnauzbart bewegte sich verneinend. „Dazu ist noch Zeit. Etwas anderes." Er griff sich mit der Hand an die Stirne, dorthin, wo sich die Hauptader wie ein hautverkleidetes Bleirohr abzeichnete, als wollte er es herauszwicken. Ja, er grub förmlich in der Haut. „Laß das doch, Vater! Du kratzt dich noch blutig."
„Was geht dich das an? Wieso mischst du dich in alles ein? Was hast du vorhin gesagt? Bin ich dir Rechenschaft

schuldig? Wieviel Söhne ich hätte haben können oder nicht ..."

Sie waren die leise knarrenden Stufen nach oben gelangt, bis über das Podest hinaus. Wie schon beim ersten Mal blieb Achim vor der Schlafzimmertür stehen, der Vater behielt den einen Fuß auf der Schwelle, mit dem andern war er in seinem Reich, besitzergreifend wie immer. „Ein für allemal: ich verbitte mir das!" In seine dunkel murrende Stimme kam ein blitzhaftes Aufheulen: „Kein Sohn spricht von den Sexualien seines Vaters."

Er ist kränker, als ich wußte, durchfuhr es Achim. Vielleicht bin ich verrückter als er. Hatte er nicht eben gedacht, denken müssen: Du könntest doch einen zweiten Sohn fabrizieren, guter Fabrikant. Wenn du dich beeilst, ist er vierzehn – und wir nennen ihn Fabricius. Sollten sie nicht beide loslachen, gleichzeitig? Wäre dann nicht alles gelöst? Statt dessen begann er umständlich von der Mutter zu sprechen, wie auch sie so schwerblütig geworden sei, kaum noch fröhlich und früher doch die Lustigste von allen. Nicht nur der Musiklehrer hätte sie angeschwärmt. Er habe sich das nicht ausgedacht, er könne es belegen.

„Warum redest du nicht weiter?"

„Auch ihr tut dieses Leben nicht gut. Vielleicht solltest du alles verkaufen, Vater, und irgendwo an einem schönen See im Süden ..."

Jetzt brüllte Balthasar Reinhart auf, daß die feinen Bordgläser ins Klingen kamen: „Am Wasser sitzen? Darüber nachdenken, wie alles zu Wasser geworden ist? Die große Geldidee meines Lebens? So etwas schlägst du mir im Ernst vor? Denkst du gar nicht daran, daß der, den du hier so überfallen hast, mitten an einem guten Samstagabend, ... daß der, wenn du ihm solche Vorschläge machst, zurückschlagen könnte? Was bist du denn ohne mich? Ein Nichts – schlimmer, ein Schwarzes unterm Nagel! Du kannst keinen Schritt tun ohne mich. Ich sage nicht, daß ich dir das Leben geschenkt habe. Das wäre zu billig. Aber ich habe deine Existenz verbürgt. Und wenn du es jemals wagen solltest, davonzulaufen – sie würden dich wie ein unbestellbares Postpaket zurückschicken, denn jeder weiß, daß du zu mir gehörst, daß du zum mindesten noch 380 oder 390 Tage lang mir gehörst."

Der Mantel verrutschte, die eine Schulter war entblößt durch die wild ausfahrenden Bewegungen, und der wulstige Gürtel wurde von Händen, die ihr Zittern verbergen wollten, wieder fester gezurrt. „Wenn man so bedenkt, Jo, überlegt, was für einen Umgang du haben könntest, die alteingesessenen Familien . . ."

„Ich weiß, Vater, daß unsere Stadt nicht viel taugt, daß es aber an einigen Stellen exklusive Eingesessene gibt." Und jetzt wurde Achim zum ersten Mal laut: „Man spürt direkt das Anziehen der Schraubenspindeln unter dem Hintern, man spürt, wie es die bewegliche zur festen Gußbacke drückt, um im Bilde zu bleiben."

„Was sind das für schmutzige Worte? Spricht so ein gebildeter Gymnasiast?"

Ein Auflachen unterdrückend, fragte Achim nun beinah melancholisch zurück: „Was hab' ich denn noch zu melden?"

Leise, aber dringlich der Alte: „Du machst meinen Turm kaputt. Du willst mich von oben nach unten bringen. Du nimmst dir einen Bäckerjungen zum Freund. Und zur Kalle ein Mädchen, dessen Mutter sich am Sonntag Schweinebraten nicht leisten kann."

„Du schaffst es nicht", sagte der Junge mit zusammengezogenen Brauen.

„Ich habe noch alles geschafft", erwiderte Balthasar, wie

eine Maschine schnurrend vor Selbstbewußtsein und Leistung.
„Das da mit uns, Vater, das gab es immer schon. Bei Hadubrand und Hildebrand . . .“
„Schluß jetzt. Du wirst mir versprechen, dich bis Ostern ruhig zu verhalten.“
„Ruhig schon . . .“
„Du sollst mir nicht immer in die Rede . . .“, und er wiederholte etwas leiser, „du sollst mir nicht immer in die Rede fahren. Was du vorzubringen hast, interessiert mich nicht, ist Schaum und Dunst. Dieser Haderlump mit seinem Hildebrand interessiert mich nicht. Ein bißchen interessiert mich die Selma, mit der könnte ich einmal reden. Ich glaube nicht, daß sie etwas dagegen hätte, mit einem Couleurstudenten Serenaden zu spielen.“
Ich gehe vorher weg, fuhr es Achim durch den Kopf. Bis Ostern? Unmöglich. Ich schmeiße das Examen hin. Laut aber sagte er: „Ich trete in keine Verbindung ein.“
„Doch doch, ich weiß es besser.“
„Ich habe eine Verbindung – mit Selma, das genügt mir. Die hält, Vater, die hält.“ „Eine Verbindung mit Selma?“ sagte jetzt der schwere Mann und zog den rechten Fuß über die Schwelle, so daß er mit beiden Füßen dicht vor dem erregten, aber kleineren Sohn zu stehen kam. „Eine Verbindung mit Selma? Keine Burschenschaft, wie? Dann ist dies mein Salamander dazu!“
Und er schlug dem starr Dastehenden mit der Faust, nein mit den Knöcheln der Faust ins Gesicht.
Es ist ein Äußerstes, daß ich dies noch durchhalte, wußte Achim. Nachher ist dann alles vorbei. Was hab ich an Geld? Da sind die Dreier vom letzten Monat und die Silbergroschen . . .
„Ich habe ja etwas von dir!“ johlte der Mann da auf. Etwas Köstliches mußte ihm in den Sinn gekommen sein.

Er lachte grell auf, Achim wußte sofort, daß es etwas mit Selma zu tun hatte, und er begriff auch schon was. Er folgte dem Dahintappenden. Wenn er es hat, dachte er, dann muß er es mir geben oder . . .
Wie an einem Schnürchen zog Balthasar den Jungen mit geringstem Abstand hinter sich her. Er fummelte in der Tasche einer liederlich abgelegten Hose, nestelte einen Schlüsselbund hervor, ging zum Schreibtisch, den Sohn immer knapp hinter den Fersen, schloß auf, nahm, den einen Arm vorbeugend, vorstreckend, damit Joachim nicht zu nahe käme, ein Blatt aus dem obersten Fach und sagte: „Hier ist dein Gedicht. Mit den Schweinereien. Ich hab es selber abgeschrieben. Hör zu. ‚An Selma' heißt es. Sie müssen sich vorstellen, meine Herren, daß es geregnet hat. Trotzdem, es ist keine Entschuldigung . . ."
„Vater", hauchte der Junge, wollte er hauchen.
Doch die dröhnende Stimme des Zitierenden beherrschte allein den Raum: „Wie du jetzt das Haupt zum Nacken streckst,/ steigen sacht die schwalbenwarmen Brüste,/ und das schaumgekrönte Kleinod wächst/ wie aus ihrer Druse Amethyste."
Ja, das hatte Achim erlebt und niedergeschrieben. Aber durch das Organ des höhnisch Vortragenden war alles verändert. Joachim schwieg. Kein Laut über die Lippen, keine Bewegung von der geballten Faust – nur daß er denken mußte: Er hat mich geschlagen.
„Es ist klar, Jo, ich muß es ihr zeigen, denn du hast es ja nicht getan – ich muß sie fragen, ob sie mit so etwas einverstanden ist. Und ich werde sie auch fragen, ob es ihr recht ist, daß du auf eins dieser Schiffe gehst und ein roher Kerl wirst. Nicht, daß ich von ihrer Meinung besonders viel halte, aber . . ." Er wandte sich halb schlüssig, halb unschlüssig wieder zum Treppenabsatz hin, machte ein paar seiner tappenden Schritte.

„Hier, die Estrade – gefällt dir das gar nicht?“ stieß der Vater heiser hervor. Das ist keine Estrade! wollte Achim wütend zurückrufen, das ist ein Podest! Aber wozu das noch? Es war wohl alles zu Ende zwischen ihnen, es sei denn, ‚Hildebrand‘ gäbe ihm das Blatt zurück, das er in seiner klobig aufgesetzten große Tasche mit den Fingern zerknüllte.
Noch war das niedrige, schnörkelhafte Geländer aus Zedernholz vor ihnen. Der Vater blieb stehen, der Sohn hinter seinem Rücken. Er sprach wieder, der Alte, ruhig, gelassen. Von den neun Fabriken. Und daß einmal das Ganze in Süddeutschland konzentriert werden müßte. Dies sei nur ein Übergangsstadium. „Neun Fabriken, Jo, bedenk das doch: Über alle muß ein Herr sein.“
„Gib mir das Blatt.“
„Da redet er von meinen nicht vorhandenen Kindern. Ein ganzes Dutzend Söhne könnte ich haben. Merk dir das, Jo. Und daß du nie wieder mit so was anfängst! Deine Mutter ist eine Zarte, sie ist damals beinah draufgegangen. Denn du – du – du warst von Anfang an ein Dickkopf und hast es uns gezeigt. Und darum – Söhne, ja, ich hätte sie haben können ...“
Es stimmte nur zur Hälfte, was er da sprach.
Was nun mit ihm geschah, blieb dem Sohn Reinharts für immer gegenwärtig.
Sie stehen bei geschlossener Tür am Laufgitter für den eingeplanten Nachwuchs.
„Meine Herren“, sagt Balthasar dozierend, „mein Sohn will mich verlassen. Er gibt mir eine Gnadenfrist bis Ostern. Dann möchte er, ohne einen stichhaltigen Grund anzugeben, vom Festland weg, lebenslänglich. Er fürchtet wohl das Festland – seit dem Erdbeben, als die Puppenteller ein bißchen tanzten. Vielleicht sagt er sich: Auf See ist es besser. Es hat einen Napoleon I. gegeben,

einen Napoleon II., vielleicht kommt Napoleon III. wieder, und dann ist es besser, draußen zu sein."
Man müßte eine Keramik zerschmeißen, dann wäre alles wieder in Ordnung – aber Joachim sagt ruhig: „Komm von hier weg, Vater. Sprechen wir unten weiter."
„Er will mich weghaben von hier, mich nach unten bringen! Weißt du auch, daß ich dich an jedem Punkt der Erde finden werde? Aber es gibt noch eine Möglichkeit. Wir können uns verständigen, Selma, du und ich. Sie wird erreichen, daß du bei mir bleibst, daß du Geschäftsmann wirst. Wir treffen einen Konsens."
„Dazu wird es nie kommen. Aber gib das Blatt, und dann sage ich dir etwas."
Der schwere Mann wirft sich herum, fingert an dem wattierten Gürtel. „Bedingungen stellen? Weißt du, was du bist? Ein Häufchen Werg. Ich putze dich weg."
„Du provozierst."
„Aha, er spricht schon wie ein Comme il faut." Der Junge schweigt. „Ich provoziere, ja. Aber der Hildebrand hat seinen Sproß, den Haderlump, wenn ich nicht irre . . ."
Der Alte fährt sich mit zwei Fingern zum Hals, macht ein schnirksendes Geräusch zur Illustration. Dann plötzlich bittend: „Also versprichst du es mir, Jo? Du gibst erst einmal Ruhe. Ruhe. Diese ganze Überstürzung . . ."
„Komm nach unten, Vater. Ich habe Angst hier oben."
„Angst? Das richtige Wort. Der Comme il faut will kneifen. Ich sehe schon seine Hinterhaxen. Auskneifen will er. Geh doch! Ich halte dich nicht. Du bist mir gleichgültig. Geh, sage ich."
„Nicht ohne dieses Blatt, mein Gedicht."
„Mensch, ich kann es doch auswendig. Ich würde es wieder aufschreiben. Du bekommst das Blatt, wenn du mir versprichst, wenn du mir mit drei Fingern schwörst . . ."

„Das ist ja ekelhaft“, sagt der Junge.
„Dein Widerstand ist ekelhaft“, sagt Balthasar.
Achim schaut den Vater an, verächtlich, schräg von unten her. Aber auch Sorge kommt in ihm hoch. Er ist erschöpft, wendet sich zu der schmalen Tür, drückt sie auf.
„Du bleibst!“ schreit der rote Kopf hinter ihm, über ihm. „Wir haben noch eine Sekunde zu reden. Wenn du willst, lade ich Selma ein. Sie kann ein paar Wochen bei uns wohnen, der Mutter zur Hand gehen.“
„Warum?“
„Hier, deswegen“, sagt der Vater und klopft sich mit der Hand auf die tiefe Tasche.
Was mit ihm, an ihm, durch ihn geschieht, bleibt für immer ein wenig verschoben, zugeflort, es fehlt ein Glied in der Kette, im Akt der Befreiung.
Der junge Mann sieht sich auf den Strophenräuber zustürzen, ihm das Blatt entreißen, doch so, daß die Faust des andern es noch zurückraffen kann.
„Ich weiß doch“, keucht der Vater, „was ihr getrieben habt. Meinen Segen! Nur bleiben, Jo! Nur bleiben!“
Eine dröhnende Lache, das nochmalige Ringen um das Blatt, um Fetzen des Blattes – die zederne Brüstung gibt nach. Achim hat es seit einer Stunde gewußt, schon draußen gewußt, auf der Bank, wo er wartete und grübelte. Er hört den ersten Aufschlag, das Gepolter die Stufen hinunter. Schweres Fleisch und Mahagoni und – wie sollte es anders sein? – der Schreck wirbelt wie eine Turbine in ihm, der Kopf auf den Teller der Waagschale geschleudert, das große, gußeiserne Ding, auf dem man ein ganzes Geheck von Kindern hätte gleichzeitig wiegen können.
Nun ist es auf einmal sehr still. Der Taumelnde hat nicht geschrien, nur geknurrt. Als Hirnschale und Waagschale

aufeinandertrafen, muß er schon besinnungslos gewesen sein.
Achim begreift noch nicht, noch nicht ganz. Zum Aufheulen ist ihm zumut. Etwas machte bumm – geht es durch ihn. Das volle Entsetzen kommt erst allmählich, kreist ihn ein.
Er steht, den Oberkörper horizontal gestreckt, den Schlips senkrecht aus dem Jackett hängend, über dem Bewußtlosen. Kein Blut. Nur der Schädel eigentümlich dunkel. Der Querbart ist ein guter, ein harmloser Schnauzer – diese Verstummtheit – alles ist furchtbar. Einen Arzt rufen – keinen Arzt rufen – doch einen Arzt rufen – aber wenn er geht, um ihn zu rufen, wenn er sich entfernt und jemand anders kommt inzwischen?
Er holt mechanisch einen Topf kalten Wassers. Er tippt zuerst hinein, läßt tröpfeln, gießt. Entsetzen, aber auch eine gewisse Interessiertheit, die von außen heranschleicht, kein echtes Begreifen – nein, er begreift nichts, noch nichts, er möchte sich der Mutter weinerlich an die Schürze hängen können: „Ich habe nichts gemacht, gar nichts."
Er tastet nach dem Puls, fühlt den eignen springen und klopfen. Das Wasser hilft nicht. Was ist denn geschehen? Eine Gehirnerschütterung, ja. Es muß nicht das Schlimmste sein. Einiges kommt wieder hoch in ihm: „... Schwarzes unterm Nagel." „Du provozierst mich." „Du willst kneifen." Etwas in ihm singt. Jetzt ein eigner Kurs! Er sieht den Vater noch vor sich, wie er den modischen steifen Kragen umlegt, der große weiße Kragen ist wieder da, und er hört einen Satz, der aus ihm selber kommt: „Interessant, du verteidigst einen Vatermörder."
Er holt den Rasierspiegel, drückt ihn dem Gestürzten unter die Nase, hält die vergrößernde, vergröbernde

Fläche hin. Er wischt mit dem Ärmel über das Flach des Spiegels. Nein, so bekommt er's nicht heraus. Gehirnerschütterung, das ist doch nur das Zweitschlimmste.
Er versucht, den Körper auf die Waagschale zu legen, zerrt am Bademantel, den Kopf höher rückend. Aber der Mantel klemmt sich am Gesäß fest, bremst. Nein, so geht es nicht. Was sollte das auch? Wollte er den Vater wiegen? 95 Kilo und 400 Gramm? „Vater", beginnt er jetzt zu jammern, „es wird doch alles gut. Was soll denn das?" Er kann ihn auf den Teppich schleifen. Ja, das kann er gerade noch. Aber was ist damit gewonnen? Nichts wird gut. Und dabei dieses Singen hinterm Stirnbein, diese eigentümliche Zufriedenheit. Mehr als das.
Er zieht den Schlüssel aus der Tasche, hat sich das entwendete Blatt schon angeeignet. Er geht auf Zehenspitzen in das Herrenzimmer. Leichtfüßig wie ein Ballettjüngling, aber gleichzeitig auch schwerfällig wie der andere, alltägliche Joachim. Bedrückt vom Geschehenen und erleichtert zugleich. Er findet Geld. Er schreibt einen Brief.
„Ich gehe zur Legion. Sucht mich nicht. Ich habe schuld an dem Unglück, ja. Es gab Streit, ja. Doch ich bin kein Mörder. Leb wohl, liebste Mama. Wie gern setzte ich hinzu: Leb wohl, Brüderchen, leb wohl, Schwester."
Das letzte streicht er durch, ganz dick. Es wird unleserlich.
Etwas Geld ist da, nicht viel Geld. Er wird es in der Kreisstadt brauchen. Erst dort gibt es Zugverbindungen, die rasch weiterführen. Begeht er Diebstahl? Kann einer sein Erbe stehlen?
Trauer, abgrundtief, ist in ihm, wild, ein um sich fressendes Tier. Alles, was schön gewesen – und es ist manches schön gewesen –, weidet sie im Nu ab. Es bleibt nur noch ein bißchen Existenz. Oder fängt mit diesem

Tag die *Welt Achim* an, so wie mit diesem Tag die *Welt Balthasar* aufgehört hat?
Du Halunke, du Teufel an Ungerechtigkeit. Lief er nicht neben deinem Reifen her, als er dir das fröhliche glatte Kullern, den Reifenschlag sachgemäß beibringen wollte? Keuchte der schwere Mann nicht? Hat er dir nicht die süßen Schwirrer geschenkt, die man über den spiralig geriefelten Startstab wirbeln kann, mit einem leisen, zähen Druck? – peng, da löst sich der Propeller, löst sich auf und ist beinah nicht mehr zu sehen vor lauter Ferne und höher – karminrote, chrysoprasne, waschblaue Schwirrer ...
Gib ihm doch wenigstens ein Kissen unter den Kopf. Ja, das tut er. Sofort. Daß er nicht eher daran gedacht hat! Es ist eben keine bloße Gehirnerschütterung gewesen, es war eine Herzruptur. Und er, unsagbar feige, will auf und davon, statt der Mutter zu helfen, statt sich der Polizei zu stellen. Aber wie kann er denn noch helfen? Was gewinnt sie dadurch, daß man ihn ins Gefängnis bringt?
Da zuckt der freie Wille auf die eine Seite hinüber: Wenn du hierbleibst, Jo, dann wird man dir nicht den Kopf abschlagen, zehn Jahre vielleicht, nur. Mit dreißig kommst du heraus, blinzelst. Mit dem Abitur ist's vorbei, mit dem Meer ist es aus. Du bist dann für immer getrennt von ihr, getrennt von ihr, der großen, schönen, wilden, milden, unendlichen See getrennt.
Nein, es gibt kein Zurück, es gibt kein Hiergeblieben. Er muß sogleich aufbrechen. Es kann sich nur noch um Sekunden handeln – nichts mitnehmen, so gut wie nichts. Wenn er jetzt losläuft, erreicht er den Spätzug in der Kreisstadt, irgendeinen Spätzug, er hofft es wenigstens, daß er noch heute – das andere wäre schlimm, sie würden ihn einholen.

„Mama! Ach!" stöhnt er immer wieder und packt mit kalten Händen das Wichtigste zusammen. Soll er die Haustür angelehnt lassen? Soll er den Brief an die Mutter nicht in einen Umschlag stecken? Aber sie würde doch unvorbereitet auf das Geschehnis prallen. Er versucht noch einmal mit größter Anstrengung, den Leib des Vaters wegzutragen, wenigstens auf den Diwan zu legen, ihn zuzudecken. Zudecken, ja, aber das andere ist unmöglich. Seine Kniee zittern. Er muß jetzt fort.

Auf Seitenwegen, nie auf der Hauptstraße. Es fängt zu regnen an, immer stärker. Er ist über einer Wurzel ausgeglitten, befleckt mit Erde wandert er weiter, das Haar strähnig, die Hose strolchig. Dann sitzt er doch im Zug.

Am Morgen sieht er durch das Abteilfenster während der langsamer werdenden Einfahrt ein schönes Gasthaus, große, unterteilte Glastafeln, die Fenster des Gasthauses, abgetreppte Giebel, das Ganze aus rosigem Backstein. Der Norden des Landes.

Verzweiflung wühlt noch in ihm, doch träg wie ein verschlafenes Untier, denn darüber gibt es etwas anderes, ein unvertrautes, ein charakterloses, ein hundsgemeines, ein herzverstopftes, ein federleichtes, ein befreiendes bübisches Tirilieren.

III

Er war noch niemals in Hamburg gewesen, nicht einmal in der Stadt am Rhein, in Köln, zu der es doch nur halb so weit gewesen wäre. Hier nun an der Elbe wollte ihn das großstädtische Treiben verschlucken. Handel und Militär, Damen und geputzte Kinder – welch eine Vielhäuserstadt, Wagen an Wagen, flandrische Pferde, das Leben ging weiter, rollte weiter, trabte weiter. Etwas wie Gleichmut kam über ihn. Nach diesem Unglück mußte ihm nun etwas glücken. Das Schlimmste lag hinter ihm – vor ihm was? Wohl weniger Schlimmes. Er mußte sich vorantasten. Jeden, dem er begegnete, schaute er daraufhin an, ob er ihm weiterhelfen, ihm Auskunft geben könne, wo ein Helfer wäre.

Er schämte sich der Lüge von der Legion. Aber er hatte ja die Spuren verwischen wollen. Sicher hieß es nun im Kreisblatt: „Aufstieg eines energischen Wirtschaftsmannes jäh beendet. Alle Stufen wieder hinunter. Schlagwechsel zwischen Vater und Sohn."
Warum hatte er diesen törichten Brief hinterlassen? Und auch das Kissen, verriet es nicht ihn als Täter? Hätte er nicht einfach verschwinden, das Auflösen des Rätsels den andern überlassen sollen? Wäre nicht ein Telegramm an die Mutter möglich gewesen: „Vater schwer erkrankt. Bitte komm sogleich?" Das hätte sie vorbereitet. So aber mußte ja das Entsetzliche auf sie eingeschlagen sein. Aber vielleicht hatte sie noch genügend Kraft, Onkel Rudolf aus Braunschweig zu rufen. Das war ein sympathischer Mann mit einem nicht nur Achim unsympathischen Beruf – Gerichtsvollzieher. Möglicherweise würde er nun als Vollzieher des Gerichts ein Schuldeneintreiber sein und außerdem ein Eintreiber von Schuld, Veranlasser eines Steckbriefs.

Achim hatte auf den Zähnen das Gefühl von Sand. Es knirschte nur so. Und er sprach wieder einen in der Hafengegend an. Wo dieser Reeder sein Büro habe? Er meinte einen Reeder, der nicht war wie die andern, einer, der eine gewisse Großzügigkeit praktizierte. Ja, er tastete sich voran. Und dazwischen schob sich das wiederauftauchende Gesicht des Vaters, wie diesem der Zorn in die Wangen stieg, dann in die Augen, dann in die Ohrmuscheln. Alles lauter Lila. Er hätte ihm nicht Widerstand leisten dürfen. Man leistet einem Vater nicht Widerstand, solange man nicht mit allen Stadien durch ist. Erst nach Absolvierung sämtlicher vom Vater zu bezahlender, vom Sohn zu leistender Examina kann sich einer den höheren Anordnungen widersetzen, die jetzt nicht mehr die höheren sind, sondern die auf der gleichen Ebene liegen. Aber war es denn möglich, nach Ablauf der Studienzeit als vierundzwanzigjähriger „alter Herr" noch Schiffsjunge zu werden? Und darum ging es ihm ja. Dieser Zwang hatte ihn hergetrieben. Es hatte keine Alternative gegeben. Der Vater mußte fallen, damit das Tor aufsprang. Der trotz allem sehr geliebte Vater.
Von Freude keine Spur mehr, von Trauer ein Puff Asche. Er war gleichgültig geworden, müde.
Dann aber gelangte er in das kleine, halb unter der Erde liegende verräucherte Büro des Reeders, der mit einem schief hängenden Zettel an der Tür Achims Aufmerksamkeit geweckt hatte. Ohne hinzuschauen zeigte der Mann auf einen Stuhl mit zerrissenem Rohrgeflecht, blieb über einem Blatt mit roten Linien eine Weile so konzentriert, daß Achim glaubte, er habe ihn vergessen. Er betrachtete die rotblonden Haarbäusche an den Schläfen, den vor sich hinflüsternden bartfreien Mund, die mit rötlichem Flaum bewachsenen kräftigen, fast prankenhaften Hände. Jetzt sah der Mann, leicht schielend, über den

Rand seiner vernickelten Brille. Doch schrieb er weiter in seine rotlinierte Liste und sprach dann und wann etwas Unverständliches in den Nebenraum hinüber. Sollte das nun einer sein, der „so etwas macht"? Hatte er nicht etwas fatal Redliches? Achim saß so unauffällig wie möglich da. Das war nun seine Situation. Viele mochten schon durchgebrannt sein, wohl aber kaum einer mit einer solchen Hinterlassenschaft – oder doch nur sehr selten. Mühsam unterdrückte er das Wippen seines rechten Fußes.

Aus dem Nebenraum kam ein älterer Herr, auch mit Schläfenfransen. „Mein Schwager", erklärte nun der Reedereibesitzer. Reedereibesitzer? Das war ein viel zu großes Wort. Doch Achim beförderte ihn um einige Ränge, denn das hob sein eigenes Selbstbewußtsein, das niedergedrückt genug war. Er hatte sich vor ein Schiffsmodell hingestellt und las:

„Ein Toppsegelschoner wird festgemacht im Großsegel."

„Na?" meinte der Reeder.

Achim verstand nicht, was er dann noch sagte, es war eine ihm fremde Sprache. Er war eben im Norden des Landes. Und dazu die Spezialbezeichnungen einer Welt der Schiffe und der Heuern.

Würde man ihn annehmen, sich mit dem guten Willen, den er zu bieten hatte, begnügen? Eben nur den guten Willen – nach so etwas.

Er gab sich Mühe, dem Gespräch zu folgen, zu verstehen. Wenn nur der Mann aus dem Nebenraum, der einen langen Gehrock trug, sie beide allein lassen wollte! Doch er, der Schwager, sah mißtrauisch und kleinkrämlich aus. Er setzte sich auf den dritten Stuhl und versteckte die Hände unter den übereinander geschlagenen Rockflügeln.

Achim straffte seine Schultern.

„Also nun mal richtig herausgesagt, was wünschen Sie von uns?" fragte der Reeder.
„Es ist eine besondere Situation. Ich muß um Ihr Verständnis bitten."
„Heu heu heu – wie gebüldet!"
Achim korrigierte sich sofort: „Ich meine, daß ich in der Patsche sitze. Arbeiten kann ich. Sie müssen nur ein bißchen Vertrauen haben."
Der Reeder lachte abschätzig, wie es Achim schien, und der Schwager assistierte: „Da ist schon mancher zu uns gekommen." Alles in dieser ihm fremden Sprache.
Achim Reinhart sah kopfschüttelnd zu ihm hin. Er wußte selbst nicht genau, was er damit erreichen wollte. Der Mann jedenfalls verdroß ihn. „Ich glaube", sagte der Reeder jetzt, „ich muß mit dem jungen Mann unter vier Augen sprechen." Achims Kopf bewegte sich heftig nickend.
Der andere entfernte sich, sonderbarerweise ohne gekränkt zu sein, und er ließ sogar die Tür ins Schloß schnappen.
„Also Sie sagten, Ihr Vater arbeite in einer Fabrik, und sie hätten Krach miteinander gehabt."
„Krach – vielleicht kann man es so nennen."
„Aus welcher Stadt sind Sie?"
Achim sagte irgendeine Stadt.
„Liegt das nicht im Sauerland?" fragte der Reeder.
„Wahrscheinlich." Eilends fügte er hinzu: „Ich bin ein bißchen durcheinander, habe nicht viel gegessen und wenig geschlafen."
Der aber tat kaum die Lippen auseinander, als er jetzt fragte:
„Papiere?"
„Ich habe hier einen Brief", sagte der Junge rasch, „hier, das ist meine Identität."

„Da ist aber eine andere Stadt auf der Adresse angegeben. Lüdenfeld."
„Ja, ich hielt mich damals dort auf."
Schweigend notierte der Reeder die Adresse. „Haben Sie Muskeln?"
„Im Turnen stets eine Zwei gehabt."
„Da wäre eine nicht sehr große Bark, vielleicht ist noch ein Platz frei. Raphaela heißt sie."
„Raphaela – sehr schön."
„Nein, nicht sehr schön. Ein altes, enges Schiff, das nur an den beiden vorderen Masten Rahen führt. Am hinteren sind Gaffel. Ich kann Ihnen natürlich nichts versprechen. Sie müßten morgen nochmals anfragen. Donnerstag geht es los. Will mal sehen, was der Kapitän dazu meint."
„Ich wäre Ihnen sehr dankbar", brachte der Junge mit trockner Kehle hervor.
„Die Bezahlung ist sehr schlecht."
„Das macht nichts, wenn ich nur . . ."
Der Reeder schob seine fast auf der Nasenspitze balancierende Brille höher und schaute nun nicht wie bisher über die Gläser hinweg, sondern durch sie hindurch auf Achim. Sein Blick war ganz scharf geworden. „Was – wenn Sie nur?"
„Vielleicht können Ihnen meine Sprachkenntnisse helfen, dachte ich."
„Was haben Sie denn zu bieten? Französisch?"
„Ja, viel."
„Hat nichts zu sagen."
„Latein, Griechisch."
„Das werd ich dem Kapitän lieber nicht stecken, sonst sind Sie gleich unten durch. Latein! Griechisch! Wie ist's mit Englisch?"
„Ein bißchen, ja."

„Davon könnten wir viel brauchen. Also fragen Sie morgen hier mal an. Vielleicht schließen wir einen kleinen Vertrag. Nun, bis Donnerstag ist ja noch Zeit. Ich halte dann vorher Rückfrage bei Ihrem Vater."
„Wegen des Streits?"
„Nein, überhaupt. Im ganzen. Oder wäre das nicht gut?"
„Doch", antwortete Achim mit beschlagner Stimme, „doch, das wäre wohl das Beste." Betäubt ging er hinaus. Der Reeder rief, er wolle ihm noch etwas sagen. „Sie können ja schon", meinte er, „die Raphaela besichtigen. Sie wurde vorgestern auf die Helling geholt, soll neue Kupferplatten bekommen. Früher reparierte man die Schiffe auf den Hellingen. Sie wissen doch, was eine Helling ist?"
„Eine schiefe Ebene", stammelte Achim, „mit Bohlen und Steinen, zum Bau der Schiffe."
„Also früher wurde so ein Kasten umständlich auf einen Schlitten gesetzt und hochgewunden. Das war die alte Manier. Heute hat man überall Docks, gemauerte oder eiserne schwimmende Bassins mit Türen. In der alten Manier werden die Schiffe einfach zu sehr angestrengt. Von den Menschen gar nicht zu reden. Wollten Sie noch etwas?"
„Daß Sie nicht dahin schreiben."
„So?"
„Wissen Sie – wegen des Krachs."
„Sie wollen so einfach auf und davon."
Stummer Blick, stummer Gegenblick. Dann: „Überlege es mir noch einmal. Und Sie – überlegen Sie sich's auch."
„Danke."
Die Freie Hansestadt, sie schenkte ihm die Freiheit, er konnte sich in ihr so bewegen, als ob er nicht ein Geflüchteter wäre. Er war noch unentdeckt, sie hatten ihn noch nicht. Sand auf den Zähnen, eine heiße, dumpfe

Kugel unterhalb der Kehle. Die Angst davor, daß man ihn zurückschicken, zurückholen könnte, sie hatte sich in ihn verbissen, er konnte sie nicht loswerden. Sollte alles vergeblich gewesen sein? Das Opfer ganz umsonst gewesen? Gewesen. O Vater!

Begruben sie ihn jetzt, an diesem Nachmittag? Eine Krone aus Buchs müßte der Sarg von den Händen des einzigen Sohnes haben. Aufs Grab müßte er das Weidenrutengestell mit seinem Hobelspanriemen pflanzen, wie es in ihrer Gegend üblich war. Als einen lustig feierlichen Nachruf. Bunte Bänder sollten darum wehen. So war es auch, wenn eine Fuhre mit frischen Soldaten in die Kreisstadt kam, von Landpferden gezogen, da flatterten genau solche Bänder den Rekruten um die Ohren.

Er aber mußte auf andere Uniformen achten, auf die Gendarmen der Freien Hansestadt, in der er sich – noch – frei bewegen konnte. Mit wem sprach man, bei wem konnte man sich über die Prozedur der Steckbriefe erkundigen? Der Sand auf den Zähnen, die Kugel unterm Halse. Am Abend in einem billigen Gasthaus, es war fast schon eine Spelunke, ein paar Stunden völlig weg, eingetaucht in eine Glocke traumlosen Schlafs, dann hochgejagt von der Kugel unterm Kehlkopf, die das Herz zum Flattern gebracht hatte – ein alter Mann saß da –, und es war doch der Schiffsjunge Jo.

Wenn sie ihn nur nahmen! Er gab ja zu, daß er bisher noch nichts erreicht hatte, nichts war, gar nichts – kaum ein Krümel Werg, zum Wegblasen. Der Vater hatte recht gehabt. Und nun dieser klägliche Ausbruch an die See, so auf leisen Socken!

Er stand wieder im Comptoir.

„Habe mit dem Kapitän gesprochen, ist nicht sehr erbaut von Ihnen. Ein Platz wäre gerade noch frei."

„Großartig", sagte Achim mit gepreßter Stimme.

„Wann werden Sie zwanzig?"
Der Junge sagte es.
Einen Augenblick war es still um die beiden, zwischen ihnen. Man sah, wie es hinter der Stirn des Reeders arbeitete. „Und Ihr Vater sagt nichts dazu?"
„Es hat ihm zuerst nicht gefallen. Aber was soll er machen?"
„Und –?"
„Er sagt nichts dazu", übernahm Jo die Wendung.
„Auf Ehre?"
„Auf Ehre."
„Es ist nämlich, mein junger Herr Joachim Reinhart, es ist nämlich so, daß wir keine Scherereien brauchen können, gar keine, verstehen Sie? Sie sagten gestern, Sie würden vielleicht noch Ihren Schülerausweis finden, im Gepäck."
„Ich habe ihn gefunden, ja", und er reichte dem Mann die steife Karte mit den Angaben.
„Also doch Lüdenfeld, ich wußte es. Nun, ich kann ja ein Telegramm hinschicken. Wir brauchen auf der Raphaela dringend einen intelligenten Burschen mit kräftigen Armen."
„Kann sie sonst nicht auslaufen?" fragte Achim. Er blieb ohne Antwort.
Sehr mißfiel dem Reeder, daß Achim kaum Gepäck hatte. Da fehlte dies und jenes, was ganz unentbehrlich schien. „Sind Sie bereit, für ein halbes Jahr die Heuer vorauszubekommen? Das Monatliche ist sehr wenig. Aber mit sechsmal genommen geht es vielleicht, und Sie können sich sofort ein paar Dinge beschaffen. Wir haben da einen erfahrenen Mann. Der heißt Christian und wird Ihnen behilflich sein."
Auf den ersten Blick sah Christian wie ein gewiefter Landstreicher aus, ein echter, durchtriebener Pochiner.

Er führte Joachim durch einige Gassen, in denen man billig und solide einkaufen konnte. „Das ist kein Gauner", begriff Reinhart junior bald. Und er sah ihn nun mit andern Augen an, merkte, daß ein junges Gesicht in dem alten Backenbart steckte, und es störte ihn nicht mehr so sehr, wenn der Begleiter aus dem unordentlichen Zottelgehänge braune Spiralen in weitem Bogen spuckte. Was er sagte hatte Hand und Fuß, freilich mußte sich Joachim große Mühe geben, um ihn zu verstehen. Immer diese fremde Sprache! Gymnasium war eben doch zu wenig. Hätte er, der Patriziersohn, doch die Werke von Reuter gelesen! Den „Bräsig" und „De Reis na Konstantinopel". Jetzt war fast alles besorgt, nur noch in das eine Kellergeschäft hinunter die fünf, sechs Stufen. Nachher, wieder im Tageslicht, im rostig-rosigen Abendschein, fragte Joachim: „Sie fahren mit? Sie sind einer von der Raphaela?"
Der andere brach in ein unbändiges Gelächter aus. Als er sich etwas beruhigt hatte, sagte er: „Nö, wo denken Sie hin? Das können sie doch mit mir nicht machen. Die Raphaela!"

Ja, diese Bark, diese Segel-Arche, sie war schon in den fünfziger Jahren alt gewesen. Und das war ein halbes Menschenalter her. Aber was fragte Balthasar Reinharts Sohn danach, der doch nichts anderes wollte, als dem Unentrinnbaren entrinnen? Wieder fest auftreten können, nicht mehr auf leisen Sohlen, das war es. Der Zusammenprall hatte ihm den Halt unter den Füßen gleichsam weggezogen. Jetzt brauchte er etwas Festes unter den Füßen, und wenn es auch nur ein paar zusammengehämmerte Planken waren, ein Floß in die Weite. Er wollte jeden Ansatz von Mäkelei unterdrücken.

Er würde lernen müssen, viel lernen, das wußte er. Was hatte der Reeder doch gesagt? Die Bark sollte mit Kupferplatten beschlagen werden, in der Helling. Und dann hieß es: Früher wurden die Schiffe in der Helling repariert, jetzt im Dock? Wie sollte er das verstehen? Hatte sich der Reeder unklar ausgedrückt? Hatte er ungenau hingehört?

Die letzten Tage waren die schwersten. In dem primitiven Seemannsheim hatte er seinen richtigen Namen nicht angegeben. Er las keine Zeitung. Er wollte nicht auf die Nachricht stoßen:

„Ähnlich wie der vor kurzem gemeldete Kopist eines sächsischen Advokaten ist jetzt der Sohn eines Fabrikanten spurlos verschwunden. Der Hinweis auf die Legion ist anscheinend Verschleierungstaktik. Besagter Gymnasiast, der kurz vor der Reifeprüfung die vollständige Unreife bewiesen hat, treibt sich dem Vernehmen nach in einer der Hafenstädte herum, in Bremen oder Lübeck, wahrscheinlich in Hamburg."

Wenn er aus dem traumlosen Schlaf hochfuhr, wußte Achim, daß er doch nicht traumlos gewesen war. Er hatte mit nackten Füßen auf einem Läufer gehen müssen, in den Brennessel eingewebt waren, und dieser Läufer war über ein Rund gespannt, so daß er endlos wurde. Mythologie im Heute. Und immer wieder fragte er sich und hoffte dabei, es sei zum letzten Mal, wie denn das geschehen konnte mit dem Geländer aus Zeder: Drang, Gegendruck, Ringen um den Reim, das Blatt – sie waren wohl beide besinnungslos gewesen, als sie da Brust an Brust keuchten, kochten und die dekorative Brüstung einrissen.

Hatte er doch etwas versäumt? Natürlich. Der Mann lebte ja noch. Wie sollte es anders sein! Für den ausgestreckten, massiven Leib hatte selbst diese große

Waage, dieses Ungetüm eines Meßgeräts, nicht genug Fläche gehabt. Niemand durfte an den Versuchsergebnissen jener Londoner Gelehrten zweifeln, deren Exkurs er gelesen hatte. Wenn man vom Gewicht des Lebenden das Gewicht des Toten subtrahierte, dann mußte sich der Betrag für das Gewicht der Seele, winzig, aber unbezweifelbar, herausstellen. Darum hatte er ihn auf die Waage zerren, ziehen wollen, den Hingestreckten.
Ja, der Reim, das Gedicht, hatte es mitverursacht. Heimweh nach Selma steht in ihm auf, und er hat sie vor sich an der Platane, hautnah, mit dem linken Arm ihre Taille umgreifend, den Mund auf ihre Lippen, ihre Lippen gegen ihre Zähne pressend, mit der freien Hand an der Borke des Baumes reißend, so daß die Finger an die grüne glatte Unterhaut gelangen, die feuchtgrüne, selbst im Dunkel eines regenschweren Septemberabends erkennbar grün und feucht genug.
Vater, warum hast du mir das mit dem Blatt angetan? Niemand kann behaupten, ich habe dich, den Prinzipal, gemordet. Es gibt Unglücksfälle, in die sich Schuld einmischt. Aber wie immer, ich kann nicht mit dem Schrecken eines dauernden Selbstvorwurfs leben, freilich auch nicht mit dem Schrecken eines dauernden Selbstbetrugs.
Er wollte damit fertig sein. Jetzt war der Augenblick, da er das Schiff besteigen sollte, endlich gekommen. Eine hohe Leiter verband und trennte die Bark vom Steinbord. Außer dem Kapitän und den beiden Steuerleuten gab es achtzehn Mann, von denen Achim einige schon kannte. Es waren beinah zuviel Mann da, wenn man's vom Raum her betrachtete, aber für die Arbeit zu wenig, wie Achim bald zu spüren bekam.
Er hatte eine schwarzblaue Hose, ein etwas helleres, dunkelblaues Wollhemd mit weit nach hinten überfallen-

dem Kragen, ein knopfloses Schifferwams, dazu die Bändermütze und noch extra einen Südwester aus geöltem Segeltuch mit Nackenschirm für die Stunden, in denen es wetterte. So war an alles gedacht. Der große wasserdichte Seesack hatte Platz für nicht mehr neue, aber passende Stiefel und die zivilen Kleidungsstücke, die er ja nun nicht mehr brauchte, von denen er sich aber auch nicht trennen wollte.

Oben angekommen, stolperte er fast über den Chef der Bark, dessen runzlige, übergroße Schuhe. Kapitän Pay stand barhäuptig da, war mittlerer Statur, hatte kleine stechende Augen, rote Hände, graue kurzgeschnittene Schädelhaare, aufrecht stehend wie Stoppeln auf abgeerntetem Felde, das Gesicht voller Buckel und Beulen. Das bemerkte Joachim aber erst nach und nach, denn zuerst gab es einmal eine scharfe Anfuhr. Er hatte sich um acht Uhr einfinden sollen. „Es ist zwei Minuten drüber“, meinte er entschuldigend. Der Kapitän aber: „Dritthalb Minuten“ und leerte sogleich einen Zuber von Schimpfworten über den Jungen.

Der nahm sich vor, künftig immer etwas zu früh an Bord zu kommen. Der andere erriet es: „Und auch nicht zu früh kommen, verstanden?“

Unten, am Fuß der Leiter, hatte Achim seinen Koffer und den großen Seesack stehen lassen. Er sah sich jetzt um, ob ihm nicht einer helfen könnte. Er wußte nicht, wohin mit sich und dem Zeug. Mehrere Burschen arbeiteten in der Bemastung. Achim hatte gehört, daß es gar nicht um diesen Donnerstag ging, sondern erst um den der nächsten Woche. Solange blieb man in der Helling.

„Was willst du? Das Schiff muß gekupfert werden.“ Er hatte gemeint, das sei in 42 oder 48 Stunden erledigt. Also noch weiterer Aufenthalt in Hamburg, wenn auch schon in seinem künftigen Zuhause. Aber eben Hamburg. Sie konnten ihn noch zurückholen. Mit einem Steckbrief.

So stand er da und schaute nach Hilfe aus. Er wollte ja nicht beachtet werden, und es beachtete ihn auch niemand. Da kam ein älterer Mann mit bärbeißigen, ja bissigen Zügen auf ihn zu. Die rechte Backe war geschwollen. Kautabak, wie bei den meisten hier. Achim lächelte ihn hilflos an. „Wer bist denn du?“ fragte der Grimmige. Und als Achim seinen Namen genannt hatte: „Was willst du an Bord?“ Sollte er sagen, er sei der neue Schiffsjunge? Das widerstrebte ihm. Klang es nicht ebenso bescheiden und treffend, wenn er es so formulierte: „Ich bin der neue Seelehrling.“ Damit kam er aber bei dem Priemträger schlecht an. „So? Und ich bin der Bootsmann des Schiffes, und du hast mir zu gehorchen. Das merk dir.“ Achim war sich keines Ungehorsams bewußt. Er starrte auf die Wangenschwellung und meinte, der Mann müsse den Knulst von rechts nach links verschieben, wie das so üblich war. Zaghaft spuckte Achim ins Wasser, um es dem andern zu erleichtern. Am Abend hörte er, der Bootsmann hätte eine dicke Backe von einem vereiterten Backenzahn. Das war's also. „Ich hab“, brachte der Neue hervor, „ich hab unten meinen Koffer stehen, und ich weiß nicht . . .“ Der Bootsmann redete auf ihn ein. So sehr sich Achim auch anstrengte, er verstand im Augenblick überhaupt nichts mehr. Da sagte der Zornige: „Was man uns auch immer diese Schweizer an Bord schickt, wo die kein Platt verstehen!“ Später begriff Achim, daß der Bootsmann Peter Hinrichsen der Meinung war, Hochdeutsch werde nur in der Schweiz gesprochen. Den Namen Joachim Reinhart vergaß er sofort. Er blieb bei der Anrede „Schweizer“. Immerhin veranlaßte der von seinem Backenzahn Gequälte, daß man dem Schiffsjungen half. Jeder sprach den Namen Hochdeutsch aus.

Jetzt bekam er das Logis zu sehen. Es lag vorne an der Spitze des Schiffes, also im Bug, unter Deck. Es hatte die Form eines Dreiecks und war so niedrig, daß man nur gebückt darin stehen konnte. Für achtzehn Mann sollte das Logis Platz bieten, war aber nur für sechzehn berechnet. Es hatte je zwei feste Kojen übereinander. Von den vier Jüngsten hatten immer zwei und zwei zusammen nur eine Koje. Das ist schlimm, dachte Achim, sagte sich aber sofort: „Hier ist die Freiheit, draußen das Gefängnis."

So schnell wurde er die in ihm sitzende Angst nicht los. An Mobiliar gab es nur zwei Klapptische und eine vom Deck herunterhängende Lampe aus Blech mit zwei Flammen. Achim plagte sich mit der Unterbringung seiner Sachen. Auch mußte er die vom Regen durchfeuchtete Matratze in die Koje stopfen. Er war ungeschickt, deprimiert. Schon hörte er die schnauzende Stimme des Bootsmannes, wo er denn bliebe. „Was fällt dir ein, Schweizer! Was hast du denn dort unten so lang zu tun?"

„Ich wollte mich nur einrichten."

„Was heißt einrichten? Du hast hier zu arbeiten und nicht zu faulenzen. Nimm den Korb und such' die Spieker unter dem Schiff zusammen."

Hätte er Hinrichsen gefragt, was er mit Spiekern meine, so wäre dieser gewiß explodiert. Darum tat Achim so, als verstünde er den Befehl. Er nahm den Korb, blickte um sich, unter sich, nach oben. Ein schon älterer Matrose mit grauen, kühlen Augen sah ihn spöttisch, aber nicht ohne Wohlwollen an: „Ja, du wirst noch einiges lernen müssen."

Dieser Bordkamerad hatte ein glattes, gepflegt wirkendes

Gesicht. Er hieß Ludwig Nowak und war anscheinend aus „besseren Ständen".
„Ein dolles Schiff", sagte Achim und blickte immer noch ängstlich nach den Spiekern aus.
„Ja, ein Flitzer ist es nicht grade. Seiner Majestät Aviso ‚Nautilus' ist wesentlich anders."
Die Spieker, das waren die kupfernen Nägel, die den Zimmerleuten beim Auslösen der unbrauchbar gewordenen Kupferplatten zu Boden fielen. Sie mußten einzeln aus dem Mulm gefischt werden, mit den Fingern. Nur langsam bedeckte sich der Boden des Korbes. Ein kalter Wind zog durch das ganze Etablissement. Trotzdem schwitzte Achim. Auf einmal stand jemand auf dem erhöhten Platz. Man sah ihm auf dreißig Schritten den Koch an. Er rief dreimal „Hänndschu", und Achim meinte, man solle mit Handschuhen zum Essen kommen. Sogleich aber merkte er den Irrtum. Es hieß „Handen schoon" (Hände rein!). Achim wollte sich rasch irgendwo die Hände waschen, aber auch das war falsch, denn der Ruf des Kochs war einfach das Signal für ihn, schleunigst die Speisen von der Küche ins Logis zu tragen. Als dies geschafft war, sang der Koch mit lauter Stimme: „Schaffen over all, schaffen unnen un oben, schaffen in Gottes Namen" (Essen überall, essen unten und oben, essen in Gottes Namen). Die Leute von der Werft sammelten sich geschwind.
Es gab grobes Fleisch in einem Gemüsedurcheinander, der Magen füllte sich. Dann wieder Nägel aus dem Schmutz kramen. Der Bettgenosse Heinrich half dabei. Er stammte von der Insel Föhr, hieß Petersen, so wie der Bootsmann Peter den Nachnamen Hinrichsen hatte. Viele kamen von den Friesischen Inseln. In der Koje war es so eng, daß Heinrich und Achim oft aneinanderstießen, wobei der Gymnasiast anfänglich jedesmal wie von

einem Alarm hochfuhr. Schon in der ersten Nacht hieß es nach wenigen Stunden: „Wacheee! Los, Reinhart!“ Im Hafen wurde stündlich abgelöst. Der volle achtzehnhundertzweiundsiebziger Mond leuchtete auf die Türme und Dächer der alten Hansestadt nieder, auf die ruhig dahingleitende Elbe, den Stangenforst der vielen Masten. Achim spähte scharf zur Landseite hin. Sie sollten ihn nicht einholen, sie sollten ihn nicht herunterholen. Kurz vor der neunundfünfzigsten Minute hörte die Angst auf. Sein Wunsch war erfüllt. Das Lebendige, Große, die betörende Weite war da, er mitten darin. Sie hatten die Helling verlassen, lagen aber noch lange im Hafen, um die Ladung zu bekommen, und dann ging es um den rechten Wind. Es war Herbst, Oktobersonne über Land und Meer. Vor seinen Blick, vor die jetzt nur gekräuselten Wellen, schob sich das Blatt mit der Seelandschaft, das er sich ungerahmt an die Zimmerwand geheftet hatte, oben, in des Vaters Haus. Wie hatten sie ihn entzückt, angereizt, diese aufschäumenden Wellen und die triumphierenden Schiffe! Ob die für ihn von Mutter abonnierte Zeitschrift „Über Land und Meer“, ihr letztes Weihnachtsgeschenk, auch jetzt noch ins Haus kam? Vielleicht sogar mit einer Anzeige samt Bild und einem Text darunter etwa so: „Hier sehen Sie den Oberprimaner Achim Reinhart, der den Tod seines Vaters verschuldete und feige floh. Sachdienliche Angaben . . .“
Und es wurde ihm wieder freier ums Herz, als er erfuhr, wohin es gehen sollte. Nach Batavia. Das war eine ordentliche Strecke. Inzwischen schlief in Lüdenfeld der Unfall ein. Freilich, was sollte die Mutter so alleingelassen tun, selbst wenn dieser Ferdinand und der metierfremde Onkel Rudolf ihre Hilfe nicht versagten? Was war das schon! Und ob die Unterdirektoren den Zusammenbruch der Firma verhindern konnten? Es war nun

nicht mehr seine Sache, nein. Und wenn die Flucht die Torheit seines Lebens gewesen wäre! Er stak jetzt in einem andern Leben, wie die Muschel in ihrer Schale, geschützt, aber auch eingeschlossen. Er würde wohl nie mehr diese Stadt mit ihren Fabriken wiedersehen, mit den Reinhartschen Fabriken, den kleinen und großen Gärten, den ihm vertrauten Menschen, für die auch er jemand war. Nicht mehr am Abend die vielen Frauen und Mädchen, von denen manche vor ihm knicksten. Und nicht mehr die Platane, nicht mehr Selma unter der Platane?

Sie warfen von den Pfählen los. Die Ladung war an Bord. Sie sprachen über den Wind. Unzufriedene, schräge Blicke trafen Achim. Keiner außer dem Jungen von Föhr gönnte ihm ein Wort. Aus irgendeinem Grund nahm man keinen der Schleppdampfer. Vielleicht um Geld zu sparen. Das enge, gewundene Fahrwasser ermöglichte kaum rechtes Lavieren. Und doch brachte der Lotse die Bark Schrittchen um Schrittchen vorwärts. Achim bewunderte ihn, wie er mit vollkommener Ruhe die schwierigsten Passagen bewältigte. So einer möchte ich werden, dachte er und hielt sich in jedem freien Augenblick bei dem hageren, ein wenig gebückt dastehenden Mann auf.

„Wenn du etwas nicht verstehst, so frag mich.“ Der Mann blieb die Fahrt über freundlich, machte aber aus seiner Sorge kein Hehl. „Was wollt ihr in der Nordsee bei dem Westwind?“ Ja, das beschäftigte alle, und man wurde, wie es schien, immer zorniger auf den Neuen. Und es hatte doch gerade Achim wie keiner von der ganzen Besatzung das ungestüme Verlangen, nur endlich wegzukommen aus der Stagnation. Der Kapitän ärgerte sich, weil jeder Tag viel Geld kostete. So kamen sie mühsam, schwerfällig und mit vielen kleinen, aber alles verzögernden Aufenthalten bis zur Reede von Glückstadt. Der Wind war ein Sturm geworden. Sie mußten vor Anker gehen. Sie lagen fest. Nicht sie allein. Viele andere Schiffe warteten auf die günstige Brise, auf das große Segelbreiten. Einige Matrosen schimpften jetzt lauthals darüber, daß man diesen Grünling mitgenommen habe.

Dem Bootsmann schien er indes ein wenig leid zu tun. Als der Lotse gegangen war, schaute er Achim zuweilen ermunternd an, und wenn er hinüberrief „Schweizer, nun man tau!“, dann war keine Geringschätzung in seiner Stimme.

Der Sturm war abgeflaut, wieder zum Wind geworden, hatte gedreht, und der Kapitän wollte es wagen. Alle Kapitäne reihum wollten es wagen. Die ganze festliegende Flotte kam in Bewegung. Die dünne, hellhörige Morgenluft warf die Kommandos vom einen zum andern. Überall das fröhliche Klippklapp der Ankerspille, mit der die Ketten eingewunden wurden, dazu das Hoiho der Matrosen von sechzig Schiffen. Der kräftige, aus Süden wehende Wind füllte das weiße Tuch. Achims Herz schlug höher und höher. Sie würden ihn nicht einholen, es war zu spät. Der Bug der Raphaela schnitt scharf durch das Wasser, und bald hieß es: „Platz für den Ostindienfahrer!“ Sie hatten bessere, zügigere Fahrt als die andern, obwohl es der älteste Dreimaster von allen war.

Die Finsternis in den Zügen des Kapitäns hellte sich auf. Bootsmann und Bootsleute scherzten mit gutmütigem Hohn nach links und rechts hinüber zu den Fahrzeugen, an denen die Raphaela vorbeilief. Dabei war man immer noch in der Schlauchrinne.

Aber nun frischte der Wind wieder auf und sie passierten gegen Mittag Cuxhaven. Das niedrige rechte Elbufer war

verschwunden, das linke begann sich unter den Horizont zu senken, und es erhob sich der Turm von Neuwerk, der Inselturm. Auf den Spitzen der Masten funkelten die Positionslichter.
Jetzt kam die in der Elbmündung verankerte Lotsen-Galiote in Sicht. Die Raphaela mußte auf sie zu halten. Die Lotsenflagge wurde im Vortopp gehißt, und sofort stieß ein Boot von dem Schiff ab, das hinten einen senkrechten Steven führte und den Lotsen aufnehmen sollte. Der stand schon mittschiffs am Fallreep. Jeder reichte ihm einen Brief, einen Gruß für die Angehörigen. Achims Hand war leer. Sie zitterte ein wenig, als er sie langsam an die Stirn hob, um sich mit den Fingern eine Haarsträhne wegzukämmen. Er fühlte den Blick Ludwig Nowaks. Fragend? Spottend? Nein, noch etwas anderes. Achim drehte sich schroff weg, hatte plötzlich die Hand des Lotsen an seiner Schulter. „Kopf hoch, Junge", sagte er. „Du wirst darüber hinwegkommen." Achims Herz machte einen Rumpler, das Blut stieg ihm in den Kopf. Was wollte der damit sagen? Wurde er diese Unsicherheit nie los? Er hatte doch nur das Notwendigste mitgenommen. Aber das sagten vermutlich alle Diebe. Durch Socken und Sohlen spürte er, daß auch der Boden des Schiffes wie mit Nesseln ausgeschlagen war. Nur weiter! Nur weg! Das Boot kam längsseit. „Behaltene Reise". Das war der seemännische Abschiedsgruß. „Danke, danke, Lotse!" erwiderte die Besatzung wie aus einem Mund.

„Braßt voll!" befahl der Kapitän. Die Hinterrahen flogen herum. Der Wind gab wieder Druck in ihre Segel. Sie setzten Fock und Großsegel. Das Meer war um sie, dehnte sich weit. Achim wurde freier ums Herz, er nickte sich selber zu. Es brauste um ihn, in ihm. Ein Zischen und Brodeln, ein Säuseln und Sausen. Es war die schönste Musik für ihn.

Was war dagegen die pinkende Sonate von Clementi gewesen, die er mit Selma gespielt hatte! Ach ja: Selma. Die Mutter. Und Matthes. Und immer wieder Selma! Wie das Mädchen beinah scheu die Tasten anschlug, und wie er über ihre Hand mit der seinen hinweggriff, ein unsagbares Beieinander. Vielleicht war sein Spiel nur stümperhaft gewesen, aber er hatte damit die körperliche Gier gemeistert. Der Vater hatte alles mißverstanden oder so verstanden, daß es im Vordergründigen blieb.

Und nun hier diese so ganz andere Musik! Dieses Knallen der Leinwand, als sie sich an den Rahen entfaltet hatte, in das Kreuz gebraßt wurde, sobald die Anker grade unter dem Schiff standen.

„Licht Anker!" kam nun das Kommando. Die Leute rasch an das Spill zurück und wiederum das Klippklapp der Ankerwinden und das Hoiho der Matrosen. Glied für Glied wanderte die Kette durch die Klüsenöffnung im Bug des Schiffes hinein auf das Deck. Es kostete gewaltige Mühe, dann war der Anker aus dem zähen Grund gebrochen. Das Geklirr, das befreite Gejohle der Matrosen, und wie es in den Händen ächzte und knirschte, das war Musik in seinen Ohren! Das war jetzt seine Musik, hier war seine Schule, hier galt es die Reifeprüfung zu bestehen. Nun thronte über ihm nicht mehr mit goldgefaßter Brille der spitzbärtige Direktor, der „Bock" genannt, Lateiner und Grieche, sondern Pay Andersen, Kapitän ohne Spitznamen. Noch war er Joachim Reinhart aus Lüdenfeld, der noch völlig grüne Lehrling. „Da ist mir zu viel Klang drin", hatte der Obersteuermann geknurrt, der doch selber einen vokalreichen, fremdartigen Namen hatte, während alle andern am Schluß mit ihrem -sen auskamen.

Nun brauchte er nicht mehr Nägel aus dem Deckschlamm zu klauben. Klettern mußte er, die Bramwanten hinauf. Hier gab es keine Strickleitern, die bloßen Taue mußten erklommen werden.
Daß er keinen Brief mitgegeben hatte, war übel vermerkt worden. Heinrich, der Junge von Föhr, meinte: „Hättest du nicht so tun können, als ob . . .?“ Er zeigte sich in jeder Weise gefällig, besonders als den Oberprimaner das Seeleiden packte. Im Nu revoltierte sein Magen. Achim taumelte hinunter zur Koje, aber kaum hatte er die dickfeuchte, warm drückende Luft des Logis eingeatmet, da war es ihm vollends zum Sterben und es trieb ihn zurück nach oben. Der Wind nahm noch zu, Gischt wehte über den Bug.
„Na, Schweizer, wie gefällt dir die Seefahrt?“ fragte der Bootsmann lachend. Joachim schüttelte den Kopf, die Lippen zusammengepreßt. Nur sich irgendwo verkriechen können, in einem hintersten Winkel, irgendwo ein Plätzchen haben, wo er gesund werden oder umkommen konnte.
Heinrich half ihm. Hinter der Kombüse, auf der dem Wind abgekehrten Seite, lag eine Partie Stroh. Der sommersprossige Inseljunge machte ihm ein Nest. Mit einem Fetzen geteerten Segeltuchs deckte er ihn zu.
Nowak, der immer Glattrasierte, kam nach ihm sehen. „Ja, ja, jetzt ist der O I ein L. S. geworden.“ Achim tat ihm nicht den Gefallen zu fragen, was L. S. bedeutete. Er wußte es auch so: Letzter Schiffsjunge.
Am nächsten Tag gab es weiße Bohnen. Achim hatte plötzlich wieder Appetit, die Übelkeit war verschwunden. Er aß sogar eine doppelte Portion.
Während ihm die Böen im Magen getobt hatten, waren ihm in der Stille seines Strohnestes Seebeine gewachsen. Er wurde jetzt mit den Schwankungen des Schiffes viel

besser fertig. Aber das Gesicht des Kapitäns hatte sich schon wieder verfinstert. „Im Sommer die Bänke, im Winter die Blänke", hieß ein Seemannswort. Es galt auch heute, denn der helle Streifen am Horizont, während sonst alles gleichmäßig zugepackt war, schickte einen sehr ungleichmäßigen Westwind. Er blies einem hart in die Zähne.
„Wir kreuzen", sagte der Bootsmann, „das Blaue vom Himmel herunter." Die ewig scharf angebraßten Rahen scheuerten trotz dickster Bewicklung die Haltetaue der Bemastung, die Pardune, entzwei. Dabei war es mit all dem heftigen Zickzack nur eine Schleichfahrt. Vor acht Tagen hatte das Schiff die Elbe verlassen und gerade erst die Höhe der holländischen Küste erreicht.
Sie machten um den Kapitän einen Bogen. Doch weder die Leichtmatrosen noch die Vollgültigen waren dem Wetter sonderlich gram. „Der Monat dreht und der Koch packt auf", lautete ihre Lebensphilosophie. Die Heuer lief ja weiter, das Essen auch. Was kümmerte sie die Nautik! Der erste Steuermann und der Kapitän verzogen das Gesicht, wenn ihnen Achim zu nahe kam.
„Gegen den Hagel darf man nicht wettern", sagte der Bootsmann, „merk dir das, Schweizer."
„Eine gute Sentenz, Herr Hinrichsen. Aber sagen Sie doch nicht immer Schweizer zu mir."
„So? Sprichst du etwa nicht Hochdeutsch?"
„Hamburg grenzt aber im Süden nicht an die Schweiz. Oder dachten Sie das?"
„Wie soll ich denn sonst zu dir sagen?"
„Meinen Namen."
„Du hast aber zwei Vornamen und keinen richtigen Vaternamen. Gut, wenn du willst: ich sage Johannes zu dir oder Reinhart."
„Oder Achim."

„Also, du bist für mich fortan der Achim."
Die Schienbeine waren wund vom vielen Klettern. Achim mußte ja das höchste Segel im Schiff, das Oberbramsegel, los- oder festmachen, je nachdem, und die Rahe auf- und niedergeben. Heinrich hatte im Vortopp zu hantieren, Achim im Großtopp. „Ihr müßt flink werden", sagte der Kapitän und peitschte seine Kommandos gegen ihre Waden. Schließlich brauchten sie für das ganze Manöver nur noch fünf Minuten. Dann schmissen sie sich in die Koje. Es war aber so üblich, daß man sich nach ein bis zwei Stunden wecken ließ, um sich dann im Bewußtsein des Hochgenusses auf die andere Seite zu drehen. Achim fand diesen Brauch widerwärtig und verbat sich das unzeitgemäße Wachrütteln. Aber wenn Nowak den Wecker machte, wurde er mit hinausgerissen.
Das Ziehen der salzfeuchten Taue grub Rillen in die Fingerspalten. An Kopf und Körper gab es manchen Stoß, überall war das Schiff zu eng, und jetzt befanden sie sich trotz der massierten Schinderei erst auf der Höhe von Texel.
„Und wir wollen bis nach Batavia kommen?"
„Nur keine Bange, Schweizer", sagte der Bootsmann, „du wirst noch früh genug dahin kommen."
Dann aber passierte die Sache mit Nowak.
Sie hatten gerade „Wache zur Koje", das heißt, sie waren dienstfrei.
„Hör mal, Joachim", meinte Nowak, nachdem er bißchen umhergeschaut hatte, „ich weiß, was mit dir los ist."
Der Junge antwortete nicht.
„Es war immerhin dein Vater."
Achim wandte sich ab, guckte scheinbar interessiert auf das elegant schwappende Hin und Her der Möwen.

Doch Nowak folgte seiner Wendung und hatte wieder das Gesicht vor ihm. „Nicht ausweichen, Herzchen."
„Wie bitte?"
„Hast du denn ganz deinen Verstand verloren gehabt, wie du das getan hast?"
Die Zwischenrufe der Möwen klangen hysterisch. Sie konnten das wilde Herzklopfen in der Brust Achims nicht überlärmen. Er ging ein paar Schritte an der Reling entlang. Nowak war schon wieder bei ihm. „Das hättest du nicht tun dürfen."
„Wovon reden Sie?" fragte Achim.
„Wir verstehen uns schon. Nein, Junge, das war zu schlimm, das war böse."
„Ich habe nichts Böses getan." Achims Stimme klang mürb.
Er hörte Nowak grell auflachen. „Nichts Böses getan, nennt er das!"
„Es war ein Unglück", sagte Joachim.
Nowak legte leicht, aber zwingend die Hand auf seinen Arm. „Bleib mal stehen und schau mich an."
Achim mißhandelte seine Unterlippe mit den Zähnen. Was wollte der? Was wußte er? Er schaute schräg auf zu dem glatten, wohlgeformten Gesicht Nowaks.
„Haben Sie", fragte er, „haben Sie etwas mit der Polizei zu tun?"
„Allerdings", sagte Nowak, „das kann man wohl sagen. Nun, ich bin nicht unbedingt dein Gegner. Wir sprechen darüber noch. Die glotzen ohnehin schon herüber." Und er entfernte sich.
Achim griff mit beiden Händen in das Gitter der Reling. Dort war es aus Zedernholz, dachte er, hier ist es aus Eisen.
Vielleicht wird diesem Ludwig Nowak einmal schwindlig. Vielleicht gibt es auch hier mal einen Unglücksfall.

Die Wasservögel schrien vor Daseinslust. Warum hat jede Lebensfreude immer etwas von Wut an sich? Die Zähne in der Lippe, stand er da.

IV

Einer der Vollmatrosen trug als Brustbild einen Löwen mit Palmbaum, ein anderer den Friedericus überm linken Knie, im bekannten Profil, ein dritter zeigte am entblößten Oberarm ebenso stolz das Bild einer nackten Frau mit breit wallendem Haar.

Ob Achim sich nicht auch etwas einbrennen lassen wolle?

„Nein", sagte er nur.

Peter Hansen, „der andere Peter" genannt, hatte eine Mundharmonika, sogar mit Zweilochmuster. Heinrich bekam davon regelmäßig die weiche Tour. Überhaupt bekam er auch ohne Brecher leicht Salzwasser in die Augen. Das hing mit seinen Föhrer Familienverhältnissen zusammen. Sein um vieles älterer Bruder behandelte ihn wie ein Stiefvater. „Die Mutter aber ist patent. Eine goldige kleine Person", pflegte Heinrich Petersen zu sagen.

„Sie gab mir so viel Ratschläge für Batavia mit." Er zog wieder einmal kräftig die Luft in die Nase hoch.

„Föhr ist die Heimat der Schloßhunde", spottete Nielsen, dem das torfbraune Haar in Kreisen auf dem Schädel wuchs.

Die Leichtmatrosen bildeten eine Klasse für sich. Von den anderen sprachen sie manchmal mit gedämpfter Stimme oder unter vorgehaltener Hand als von den Vollidioten.

Das Barometer fiel stark. Mit scharf geränderten Kuppeln stand schweres Gewölk an der Kimmung. Außerdem hatte der Zimmermann von fetten Pferden und der Koch von hageren Frauen geträumt, und man beriet noch, wie man es dem Kapitän beibringen wolle. Der Bootsmann sagte: „Gib doch nichts auf das Barometer. Wir schifften früher ohne so ein Ding. Glaub mir Schweizer, es ging auch ohne das gut."

„Sie haben viele Fahrten hinter sich?“ fragte Achim aus bloßer Höflichkeit.
„Ich war fünfzehnmal in Grönland. Mehr als sechzig Walfischen hab ich die Harpune in die Schwarte gejagt. Barometer, na ja, ganz schön, aber das mit den Pferden und den Frauen, das muß man wirklich ernst nehmen.“
„Ganz Ihrer Meinung“, sagte Achim. Der andere schaute ihn mißtrauisch an. „Jochen!“ rief da Heinrich. „Komm einmal her!“
„Jochen?“ staunte der Bootsmann. „Na ja, dann sag ich eben Jochen zu dir, Schweizer.“
Noch vor dem Abend ließ der Kapitän die Marssegel doppelt reffen, wodurch sie beinah um die Hälfte verkleinert wurden, und das war, wie sich bald zeigte, nicht umsonst geschehen.
Sie standen unruhig für die nächsten Manöver bereit, auch diejenigen, die eigentlich auf Koje hätten sein müssen. Achim und Heinrich gähnten, manchmal abwechselnd, manchmal gleichzeitig. Beim Schlafen hatten die kleinen Püffe und Knüffe schon nichts mehr zu sagen. Hansen spielte, um sich und den andern das quälende Hinwarten abzukürzen, sein wimmerndes Lied. „Gib mal her“, sagte Heinrich, „ich will's probieren.“ Er wischte mit dem Ärmel über die Reihe der viereckigen Löchlein, kaute dann aber ungeschickt auf dem Ding herum, wie auf einem metallenen Zwieback. Hinrichsen kam angefaucht. „Was steht ihr so da? Seht ihr nicht, daß es was gibt?“
Aber sie hatten gerade keinen Auftrag gehabt, und der Bootsmann war wieder einmal ungerecht gewesen.
Kurz vor Mitternacht schoß der stürmische Wind aus Nordwest heran, fiel erbarmungslos, mit ungeahnter Übertreibung in die Segel. Er legte das Schiff auf die Seite. Jetzt war Schluß mit der Konversation. Die Raphaela

eckte und ächzte. Wie artig war sie doch auf dem nur mild gebuckelten Wasser dahingefahren, mit vollen Segeln, eine Dame, die Krinoline um sich geschlungen, über das Nasse trippelnd, die Röcke ein wenig hochgezogen. Jetzt lag sie schief da, mit hochgedrehtem Leib, über das Vorschiff schäumte weiß leuchtend der Gischt des steifen Wetters. Die Schwärze der Nacht war nicht schwarz genug, den grellen Feim auszulöschen. Befehl auf Befehl stieß in die Ohren, in die Fäuste der einzelnen Männer. Trotzdem hatte Achim Zeit, an Nowak zu denken, forschend: Was wußte der Mann mit dem kaltgrauen freundlichen Blick, und was wußte er nicht?

Unter schwerem Druck stampfte die Raphaela durch die See. Sie litt in ihren Verbänden. Um ihr Erleichterung zu verschaffen, mußte Segeltuch geborgen werden. Das Großsegel, das unterste am Großmast, kam zuerst dran. Und jetzt der Klüver, ein dreieckiges Segel am Klüverbaum, der Verlängerung des schräg nach vorn hinaus liegenden Bugspriets.

„Petersen und Reinhart!" befahl der Bootsmann. Die beiden Jungen spritzten heran. Sie sollten den Klüver festmachen. Dazu gehörte Kraft, Erfahrung, äußerste Geschicklichkeit. Matrosen hatten das zu leisten. Aber die beiden zwanzigjährigen Schiffsjungen, dem Seemannsalter nach überjährig, wollten diese Mutprobe, drängten sich dazu. Wenn sie es schafften, würde manches in ihrem Seemannsleben anders werden.

Sie waren schon oft genug herumgeklettert, noch nie aber, wenn die Bark so schwer hatte arbeiten müssen. „Auf Kriegsschiffen", sagte Bootsmann Hinrichsen, „ist ja unterm Klüverbaum ein Netz ausgespannt, weil das Meer die Leute herabschlagen kann." Sollte das ein Trost oder ein Ansporn sein? Achim wollte schon hinzufügen: „Das ist eben eine besonders alte Kiste. Wahrscheinlich hat jedes Handelsschiff so ein Netz." Wie dem auch war, nicht nur Hinrichsen, sondern auch Pay Andersen war der Meinung, die täglichen Oberbramsegel-Exzerzitien hätten den Nachwuchs flink gemacht. Mehr als einmal hatte es geheißen: „Eine Hand für dich – die andere für das Schiff!"

Die untere Ecke des Segels mit dem daran befestigten Tau schlug im Wind so heftig, daß das ganze Vorgeschirr zitterte. „Festhalten, Jungs", rief der Bootsmann, „und von draußen angefangen! Sonst schlägt euch der Klüver wie nichts vom Baum!" Sein Gebrüll war kaum zu verstehen im Toben des Windes. Sie hatten mit Händen und Füßen zu tun, da konnten einem die Knie weich werden. Achim und Heinrich hatten unter den Zehen Holz und für die Hände das Doppeltau, die Laufstagen, aber auf dem Klüverbaum war das „Festhalten!" leichter gesagt als getan. Unter ihnen das sogenannte Pferd, ein Tau als Standfläche, oben der runde, glatte Baum. Er mußte zwischen Brust und Knie geklemmt werden. Das war der ganze Halt. Vier Hände brauchten sie zur Arbeit. So fingen sie an, das Segel zu beschlagen. Es war so ungebärdig wie eine geflügelte Bestie. Der Klüver rüttelte im Sturm, und wenn sie schon meinten, ihn gebändigt zu haben, fuhr ihnen das knallende Ungetüm wieder aus den Fäusten.

Es war für die zwei, denen man aus engen Pupillen zusah, fast zum Verzweifeln.

So wurden aus unerfahrenen Jungen gestandene Männer. Jetzt hatten sie den Klüver wieder halb auf den Baum gebracht. Sie lagen darüber, hielten jeder mit beiden Händen fest, was sich sträubte und mit hart herausgewölbter Wölbung gegen ihre Brust stieß.

In diesem Augenblick knallte die See unter das Pferd und zog mit Gewalt an den Füßen. In demselben Augenblick

faßte der Wind erneut das Klüverschot, entraffte, entriß es und gab es der Luft frei.
„Halt! Halt“ riefen beide und wollten mit den Händen das ungestüme Tuch packen, behielten aber nicht mehr genug Halt für die Füße.
Achim spürte noch sein Gewicht, doch verlagerte es sich rasch, war ohne Gleichgewicht. Über den Baum hinweg flogen sie beide, stürzten in die entgegenschwallende Tiefe. Entzweigerissen war Joachim Reinhart, der Sohn Balthasars. „Laß mich fallen“, sagte die eine Hälfte im Nu des Niedergangs. „Ist ja gut. Gib auf – sei hin.“
„Nie im Leben!“ kam gurgelnd der andere hoch, dann wurde dieser wie jener ausgelöscht.

Alle Männer an Bord schufteten, die Raphaela stieg und sank. Die See rollte. Nichts erreichte den jungen Jo. Es gab nicht genug Fäuste, nicht genug Finger. Er aber war ausgefallen. Als er aus der Tiefe seiner Bewußtlosigkeit auffuhr, sah er die Koje, sah er die Kiste und auf dieser den Bootsmann, der ihn aufmerksam anschaute. Hinrichsen schluckte ein paarmal und sagte dann mit einer wie von Sandpapier gerauhten Stimme:
„Beinah wäre das mit dir unklar gegangen, Schweizer. Ein andermal: tu, was ich dir sage! Wenn man ein ordentlicher Seemann werden will, muß man an jedem Finger einen Angelhaken haben. Und wenn man bei zwei Reffen in den Marssegeln den Klüver festmacht, dann müssen Bauch und Beine wie eine Wantschraube den Baum festhalten.“
„Wie bin ich denn“, fragte Achim, „– wie gerettet worden?“
„Ja, manchmal ist ein verkehrter Klink auch zu etwas nütze“, erwiderte der Bootsmann müde lächelnd. „Das hast du der Beschlagzeising vom Klüver zu danken. Aber

nun halt den Mund, trink hier einen Schluck, den dir der Alte geschickt hat, und dann schlaf. Morgen früh mußt du wieder auf sein, denn da brauchen wir alle Mann. Es steckt noch allerlei in der Luft. Ich spür's in meinen Knochen. Und im übrigen, Schweizer", sagte er gähnend, „im übrigen will ich selbst auf Koje."
Er hielt dem sich Aufstützenden eine Flasche Madeira an die Lippen. Achim trank voll Energie. Das Feuer tüpfelte ihm sogleich durch alle Adern.
„Danke, Bootsmann. Wieviel Uhr ist es?"
„Wieviel Uhr? Mensch, es ist gleich vier Glas."
Kurz vor Mitternacht hatte er den Klüver festmachen sollen, jetzt war es also bald zwei Uhr. Die Hand fuhr zögernd zur Stirn. Die Bewußtlosigkeit hatte eine Stunde und noch eine gedauert, und der Bootsmann hatte ihm von seiner Freiwache diese zwei geopfert. Er griff nach der Rechten des Grauhaarigen, drückte sie.
„Wo ist Heinrich?" fragte er.
„Schläft", sagte Hinrichsen und entfernte sich.
Achim grübelte, wie er das mit dem verkehrten Klink und der Beschlagzeising gemeint haben könne, doch die Gedanken verschwammen in Wein und Müdigkeit.
Es mußte ein sehr fester Schlaf gewesen sein. Beim Wachwechsel um vier Uhr hörte Achim nicht das gesungene Ritual, mit dem die Freiwache geweckt wird: „Los, aus Quartier in Gottes Nam'!"
Während sich der Junge gesund schlief, wurde draußen alles noch schlimmer. Bei Tagesanbruch gellte der Alarmruf „Reeve! Reeve!" in die Logiskappe. Das letzte Reff mußte in die Marssegel gesteckt werden. Achim war eins, zwei, drei vollständig angekleidet und sprang als einer der ersten hinauf die Stufen an Deck.
„Überall! Überall!" Der Alarmruf, daß Not am Manne sei. Keiner mehr hatte Freiwache. Das Unwetter schoß

Hagelpropfen gegen die Augen. Man sah kaum was bei all dem Geklirr. Trotz der heruntergelassenen Marssegel standen Rahen und Brassen zum Brechen. Das Schiff lag so über, daß die Lee-Verschanzung fast im Wasser schleppte. Die See dampfte von vorn bis mittschiffs, sie schlug ohne Unterbrechung über Deck, und man konnte nur vorwärts kommen, indem man längs der Bordwand die Hände an den Tauen entlangkriechen und die Beine nachsetzen ließ.
Mit Anpeitschung aller Kräfte gelang es, das dritte Reff einzubinden, aber sie mußten über eine halbe Stunde auf den Rahen liegen. Es brachen die Fingernägel an dem nassen, steifen Tuch, ehe sie es schafften. Dann ließ die Bö nach. Die Raphaela richtete sich etwas auf, lag beinah ruhig und bequem da, obwohl es immer noch schlimm genug an ihr arbeitete.
Es war Tag geworden und klarte auf.
„Mannt das Lot!" befahl Pay Andersen, der die ganze Nacht das Deck nicht verlassen hatte. Sonderbar weißlich sah das Wasser aus. Bisher war es seegrün gewesen. „Flink doch mit dem Lot!" rief der Bootsmann den Leuten zu und sprang, die Leine in der Rechten, auf die Verschanzung. Die Sorge saß in seinem grauen Gesicht. „Was ist, Bootsmann?" fragte Joachim. „Leegerwall!" antwortete der kurz. Was hieß das? „Paß auf, achter!" tönte es vom Fockwant her, und der dort aufgestellte Mann warf das Lot. Es war an seiner unteren Fläche mit Talg bestückt.
Peter Hinrichsen ließ die Leine durch die Hand schlüpfen und holte, als sie auf und nieder zeigte, hastig wieder ein. Sie spähten und spürten. Ein Lederläppchen, an der Leine befestigt, schnitt mit der Wasserfläche ab. „Zehn Faden", sagte er zu dem herangeeilten Kapitän. Achim merkte, wie die beiden einen Blick wechselten. Er bezog

es auf sich, fühlte plötzlich die Nähe der Wasserpolizei. Hirngespinst. Sechzig Fuß Wasser bot genug Tiefe für jedes Schiff.
„Land in Lee!!“ rief einer der Matrosen, und alle drehten sich nach derselben Richtung. Achim erschrak. Also doch.
Er versuchte, hinter den Vorhang der Böe zu schauen, das flatternd graue Perlschnurwesen zu durchdringen. Hinter dem sich verziehenden Gerinnsel trat langsam ein niedriger grauer Streifen hervor. Es konnte kaum noch zwei Meilen bis zur Küste sein. Das also bedeutete „Leegerwall“. Die Milchfarbe des Wassers hatte die geringe Tiefe angezeigt. Sie war der Reflex des hellen Sandgrundes.
Der Kapitän sah die Probe an, die das Lot heraufgebracht hatte. „Es stimmt mit dem Besteck“, sagte er anscheinend ruhig zum Obersteuermann. „Wir haben Texel.“ Und zu dem Matrosen, der gerade neben ihm stand: „Du hast gute Augen, Hansen. Geh einmal und schau, ob du nicht einen Turm zu sehen kriegst.“
Hansen enterte auf und suchte den Horizont ab.
„Feuerturm voraus drei Strich in Lee!“ rief er und streckte die Hand in die Richtung.
„Gut“, sagte der Kapitän und wollte vom Steuermann wissen, wieviel Abdrift sie hätten.
„Vier Strich“, meinte dieser. Er las es aus der Linie des Kielwassers ab, schätzte ohne Instrument. Nur scheinbar lag die Raphaela vom Land weg, mit der Drift näherte sie sich ihm unaufhaltsam.
„Müssen Segel setzen“, sagte der Kapitän finster. „Nun macht schon ein Reff aus den Marssegeln.“
Sie schauten aber auch wirklich zu dumm drein.
Da wurde die Schinderei also wieder rückgängig gemacht. Wieviel Mühe hatte es gekostet, das Reff

einzunehmen, wieviel kalten Schweiß und feurige Schwielen! Jetzt wurde es wieder ausgesteckt.

„Die Drift?“

„Drei Strich.“

„Noch zu viel. Großsegel los!“

Sie setzten das Großsegel und verminderten die Drift nochmals um anderthalb Strich. Die Raphaela ging damit gerade längs der Küste. Das genügte noch nicht, sie mußten ja davon abbiegen. Also wurde der Klüver geheißt. Jetzt ging alles gut. Das Schiff machte unter dem Preß von Segeln scharfe Fahrt, und der Feuertum wanderte rasch aus. Noch zwei Stunden so, und sie würden wieder in freiem Wasser hantieren, konnten dann aufatmen. Im Augenblick war der Wind nicht zu schwer für die Segel. Aber dort, leewärts, steht am Horizont schon wieder eine Hagelbö auf. Das übrige Wolkenwerk hat einen grauen, bläulich-grauen Ton und lose Ränder. Die Schlossenbö aber bildet einen dunkelgelben Streif, starr wie Mauerstein. Wenn sie etwa neuen Wind bringt wie den letzten, dann ist es kaum vorstellbar, daß die Segel das aushalten können.

„Biegen oder brechen“, knurrte der Bootsmann, „wir haben keine Wahl.“

Nicht genug Spielraum vor der Küste zu haben, bedeutete unweigerlich das Kentern, den Schiffbruch. Aber noch gab es etwas Hoffnung, daß die Böwand nur einen mäßigen Schub, nicht einen neuen maßlosen Stoßwind im Bauch hatte.

War das jetzt die Ruhe nach dem großen Sturm, oder war es die Stille vor dem Sturm? Das zu wissen!

Achim hatte ein paar Minuten Zeit, das Wogen im Kopf ließ nach. Wie doch gleich? Wie war das? Willemsen, der Leichtmatrose, gab Aufschluß über die vergangene Nacht.

Willemsen war sonst ein rüder Bursche, aber jetzt hatte er etwas Feines, Vertuschsames im Ton.
„Als du von der See über den Klüverbaum geworfen wurdest, hatte sich die Beschlagzeising durch einen glücklichen Zufall wie eine Schleife um deinen Körper gewunden."
„Das also meinte der Bootsmann mit dem verkehrten Klink."
„Dadurch bliebst du überm Wasser hängen, wurdest aber mit dem Kopf gegen den Stampfstock geschlagen."
Achim verzog das Gesicht.
„Nein", belehrte ihn der andere, „das war ja dein Glück, Schweizer."
„Mein Glück? Sag bitte nicht Schweizer zu mir."
„Warum denn nicht? Du schwebtest wie eine leblose Masse auf und nieder. Bei jedem tiefen Stampfen der Raphaela wurdest du in das Wasser getaucht."
Er wäre ohne den Raptus von Hilfsbereitschaft vor allem Hinrichsens verloren gewesen. Nur indem sich der selber dem Tod hinhielt, die letzte Gefahr auf sich nahm, hatte der Bootsmann den Schiffjungen Jo retten können.
„War der denn gerade dabeigewesen?"
Er hatte auf der Back gestanden und schrie: „Mann über Bord!" Er schlang sich ein Tau um den Leib, kletterte nach dem Stampfstock hinaus und nahm dich in seine Arme. Die Beschlagzeising schnitt er ab, und er trug dich an Bord. Zweimal wart ihr beide völlig verschwunden. Daß er dich dabei festhalten konnte – das reinste Wunder."
Wie feierlich der Mann das alles sagte! Kein Oberprimaner hätte es gebildeter ausdrücken können.
„Und wie ist Heinrich geborgen worden?" fragte er. „Übrigens, ich sehe ihn ja gar nicht."
„Heinrich? Der ist doch über Bord."

„Über Bord sind wir beide gegangen“, sagte Joachim rasch. „Aber er ist natürlich gerettet? Der Bootsmann sagte mir: ‚Heinrich schläft‘.“
„Ja, in Gottes Keller, unten auf dem weißen Sand.“
„Was sagst du da, Willemsen?“
Der Leichtmatrose machte ein Schnutchen. „Hast du denn gar nicht gemerkt, daß du in der Koje allein ...?“
„Nein!“ schrie Joachim leise auf. „Ich dachte, er schläft anderswo.“
Willemsen schabte sich mit den Knöcheln der Linken über den Schädel, durch den Mützenstoff. „Er schläft ja auch“, sagte er leise, „bis der liebe Gott einmal ‚Alle Mann!‘ ruft. Nein, zu retten war der nicht.“
Achim, der so lange fest geblieben war, hatte jetzt Knie aus Gallerte. Der Bootsmann kam hinzu, stützte ihn. „Was ist denn, Jochen?“
„Sie haben mir das Leben gerettet und ihn, ihn . . .“
Es war noch nicht entschieden, was die näherkommende Bö mit sich bringen würde. So war ein wenig Zeit, Achim das Geschehene zu erklären.
Bei dem Ruf „Mann über Bord“ ließ der Steuermann sofort an den Wind luven. Die Männer braßten im Großtopback, um beizudrehen. Sie schmissen die Boje über Bord. Vier Freiwillige traten vor. Trotz des stürmischen Dunkels wollten sie ins Leeboot. Kaum war das auch nur halb heruntergelassen, da holte die Raphaela so heftig nach Lee über, daß der Ansturz der Wasser drei Planken im Boot einschlug.
„Als das Boot wieder geheißt war“, erzählte Willemsen weiter, „sollte ich das im Wasser schlappende Tau einholen. Etwas hakte dran. Das Wasser feuerte so, daß wir erkennen konnten: ein menschlicher Körper. Der Heinrich war ja ein guter Schwimmer. Er muß beim Fall betäubt worden sein. Und als er die Lungen voll hatte, ist

er längsseit in die Bucht des Taues getrieben und von ihm festgehalten worden, bis es von mir eingeholt wurde."
Himmel, wie der redete! Bedächtig wie immer, aber geradezu unanständig gebildet. Wo doch an Achim alles zitterte vor Ungeduld.
„Und dann", fragte Achim den Bootsmann, und er schaute ihm starr in die Augen.
„Ja, und dann ...", erwiderte der nur. „Nun aber los! Wir reden schon zu viel."

Sie bereiteten alles für die nächste große Welle vor, den Sturmangriff, dessen Wucht noch nicht zu ermessen war. Sie mußten das Weite suchen, den harten Strich des Strandes hinter sich lassen.
Alle wußten, um welchen Einsatz es nicht nur für den Kapitän ging. Heinrich war hin. Sie würden sagen: Gemeint war der andere, der in Hamburg Angeheuerte. Heinrich war hin. Das ergab nun eine freie Matratze. Kein fremder Ellbogen mehr, kein sich verschlafen wendendes Gesäß. Aber auch keiner, der freudig bereit war, das Spiel mitzuspielen, das Selbsterdachte mit Frage, Antwort und Gegenfrage. So waren sie in der Seemannsprache geradezu perfekt geworden. Bramsegel. Focksegel. Kreuzbramsegel. Luggersegel. Marssegel. Oberbramsegel. Mondsegel – halt, da war etwas schon durcheinandergekommen. Sie wollten dabei doch das Alphabet einhalten. Und welche Segel waren dreieckig oder auch ein Trapezoid? Ganz schnell mußte man's wissen und sagen, daß sich die Toppsegel oben zwischen Gaffel und Mast oder zwischen Gaffel und Stenge befinden, und daß die Leesegel eine Art Rahsegel sind, die den von der Lee einfallenden Wind auffangen. Selbstverständlich war, daß der vordere Mast eines Dreimasters, das heißt eines Vollschiffes, Fockmast hieß,

der mittlere Großmast und der hintere Kreuzmast. Bei einer Bark aber war anstelle des Kreuzmastes der Besanmast, der nicht mit einem Rahsegel, sondern mit einem Gaffelsegel ausgerüstet ist. Der Namen war kein Ende – aber zuletzt überkam beide ganz plötzlich die Müdigkeit, so daß jeder sich, stumm geworden, zusammenrollte und mit dem andern im Duo zu schnarchen begann.

Guter, lieber Junge aus Föhr mit den vielen Sommersprossen! Sein älterer Bruder ein jugendlicher Stiefvater, das Muttchen aber goldig. Und er hatte sich an der Mundharmonika versucht, unglückliche Augen dabei gehabt, als wolle er die Melodie aus einem Zwieback herausbeißen. Zuerst war er also bewußtlos geworden und dann erst erstickt! Er atmete noch, pumpte sich die Lungen voll, hustete, ohne davon zu wissen. Wurde am Schiff nachgeschleift, eingebunden, verknotet, als wäre die vieltauige Raphaela eine sehr große Spinne und der umwickelte Bursche ein Brummer in ihren Fängen. Wie war das doch? Beschleunigung mal Masse, Verlangsamung mal Widerstand, so sinnierte Achim in verschwommener Obersekundamathematik.

Ludwig Nowak sah in dieser Zeit ganz über ihn hinweg oder auch unter ihm hindurch. Doch jetzt an irgend etwas anderes zu denken oder etwas anderes zu tun, verbot sich von selbst. Die Lage war zu ernst. Heinrich war hin. Aber die neue Bö kam heran, ein Mosaik von Klirrseln. Alles wurde wieder laut, schallend. Dem strammen Hagel folgte heulend die Windsbraut. Pay Andersens Stimme kam von überall zugleich, mit Metallreflexen. Vom Bergen der Segel war keine Rede. Sie hatten zu pressen, nur zu pressen – die schreckliche Kante war schon nahe. Land war furchtbarer als See. Sie durften nicht treiben, das hieß zerschellen. Die Mannschaft war auf die Windseite des Hinterdecks beordert, der Himmel über ihnen ein aufgerissener Sack. Er pfefferte alles, was er in sich hatte, auf ihre Köpfe. Das war aber noch nichts. Jetzt der erste furchtbare Stoß des Sturmes. Das bißchen Windsbraut hatte er davongeweht. Die Luft wurde jetzt hart wie Klinkerstein. Von dem übermäßigen Druck legte sich das Schiff auf die Seite. Ein paar Striche von hinten herumgegangen, und schon konnte der stoßende, schießende Sturm die Raphaela unter vollen Segeln packen. Daß sie nicht kenternd umschlug, verdankte sie nur ihrer Eisenladung. Dadurch hatte sie selbst viel Steifheit.

„Luv! Luv! Hart an den Wind!" schrie der Kapitän. Es galt, die Kraft aus den Segeln zu nehmen. Der Mann am Ruder keuchte nur so. Ehe er richtig gehorchen konnte, hörten alle es krachen, rasseln, splittern. Der Fockmast ging über Bord. Klüverbaum und Bugspriet waren von ihm mitgenommen, waren nicht mehr da.

Schiff steuerlos, Schicksal besiegelt. Kein gutes Telegramm, sagte Joachim zu sich.

Die Bark, nur noch eine große hölzerne Schachtel, trieb nun genau auf die Küste zu. Das war keine rettende Arche, das Gegenteil war's. Ein Bodenrest Hoffnung: man mußte versuchen, den Sturm abzureiten. Die Hoffnung ruhte auf den Ankern. Das Wrack des Fockmastes mit seinen Rahen und Segeln gab noch so viel Widerstand im Wasser, daß sich die Drift, die anrollenden Seen, an ihm brachen.

Die Anker fielen, die ganze Länge der Ketten wurde vorgegeben. Das alles dauerte kostbare Viertelstunden, und die Küste war verflucht nahe. Man sah schon die Brandung.

Aber die Anker hatten gut gefaßt, die Ketten hielten.

Freilich, jetzt trieb das Vorgeschirr gegen den Bug. Es rammte mit einer Wucht gegen die Raphaela und ihre Ketten, daß der Kapitän doch einen Augenblick die Ruhe verlor und mit überkippender Stimme schrie: „Schleunigst kappen!“ Jetzt brachen die schweren Grundseen über die Raphaela hin wie über eine Klippe. Die Ketten wurden mit gewaltiger Kraft gespannt und fast schon überspannt. Der Augenblick des Reißens mit einem giftigen Knall war ganz nahe. Das letzte Hilfsmittel mußte jetzt gebraucht werden.
„Den Großmast kappen!“ befahl der Kapitän halblaut, Salz in der Stimme. Trotz der größten Vorsicht zerschmetterte das steile Ding beim Sturz einen großen Teil der Verschanzung und zwei Boote. Wenn sie jetzt strandeten, hatten sie kein Boot mehr übrig, nur noch die kleine, glitschige Gig, die für den Kapitän und ein paar Offiziere bestimmt ist. Diese Gig aber wäre, ob sich nun Menschen in ihr verkrampften oder ob sie leer dahintrieb, durch eine solche Küstenbrandung wie eine Spanholzschachtel eingedrückt worden.
So blickten sie alle, auf dem Trumm der guten alten Bark treibend, zum Himmel. Diesmal nicht, um die Gewalt des Sturms zu erkunden, sondern um nach Hilfe auszuspähen. Auch diejenigen, die sonst mehrmals am Tag herauspolterten: „Verflucht noch mal!“, standen stumm.
Ihr Dreimaster – wo sind denn die drei Masten? – war noch kein Wrack, war ein bißchen mehr. Aber wenn erst die Ketten knackten – und sie mußten ja gleich brechen –, dann adieu, schönes, schmuddliges Leben!
Wollte der Sturm immer noch nicht nachlassen? Er wollte noch nicht nachlassen. Eine Bö saß der andern im Genick, und sie wühlten das Meer fast bis zum Grund auf.

War das noch der Kampf ums Dasein, ums Überleben, oder war es schon der Todeskampf?
Der Tag losch dahin. Alles staute sich auf dem Achterdeck. Sie hatten das Ankerspill abgestützt, bis an die Brust im Wasser stehend. Die Kombüse war bereits durch den fallenden Fockmast zerkracht worden. Die Nahrung der zwanzig bestand aus Schiffszwieback und etwas Rum mit Wasser.
Der Sturm lief noch einmal mit tausend Willenskräften an. Er wollte die See endgültig zu Wildwasser aufschüren. Seine Vitalität verlangte nach dem Tod der Lebendigen. Die Sonne war im Untergehen. Der Untergang des Schiffes schien beschlossene Sache. Es war nicht mehr ein eigenständiger Körper, nur gebundener Ballast. Und die Wogen spielten damit. Von den langen Ketten, kurz vor dem Reißen, kam ein neuer gellender Ton, als ob eine Glasglocke angeschlagen würde. Das Signal unmittelbar vor der Katastrophe. Die nächste extraschwere Grundsee, die das Schiff packte und es nach hinten schleuderte, mußte das schwächste Glied der Kette zum Bersten bringen.
Bisher hatte man auf dem Gesicht des Kapitäns nur einen Schatten gesehen, seine gewohnte Verfinsterung. Aber jetzt kam für ein paar Augenblicke die ehrliche Angst durch.
Gab es denn keine Hilfe, von nirgends Hilfe?
Gegen acht Uhr abends riß die massive Wolkenwand auf. Ein Stern blickte heraus, wie ein kurzer Blitz, das nächste Mal blieb er länger, ein ganzes Sternbild wurde sichtbar. Jetzt gab es erste Pausen zwischen den Böen. Die mörderische Rempelei milderte sich. Das Material der Ketten bekam eine Schonfrist. Der Sturm drehte nach rechts. Gegen Mitternacht ging er nach Osten herum und wurde ablandig. Der Himmel war ausgestirnt. Na also.

Das Schiff wurde nicht mehr geschleudert, es schwankte nur noch, wiegte sich in der zunehmenden Glättung. Die See fiel.
Doch gerade jetzt erkannten sie das Ausmaß dessen, was ihnen geschehen war. Nur über die Frage: Wrack oder nicht Wrack? wurden sich die Matrosen nicht einig. Der Kapitän und die beiden Offiziere wußten es auch nicht zu sagen. Immerhin konnten jetzt Dreiviertel der Mannschaft auf Koje geschickt werden.

Am nächsten Morgen mußten vor allem Notmasten errichtet werden, damit man irgendwie den nächsten Hafen erreichen konnte. Glücklicherweise war der Fockmast ziemlich hoch abgebrochen, so daß an ihm, wenn auch nicht ohne große Schwierigkeiten, eine Reservemarsstange befestigt und eine Marsrah aufgebracht werden konnte. Ehe sie damit fertig waren, die Tüchtigen, bemerkten sie von Süden her ein Dampfschiff. Es hielt auf sie zu. Der schnelle Kurs ermöglichte ihnen bald, die Flagge zu erkennen. Es war ein Holländer. Vom Feuerturm aus hatte man tags zuvor nach Helvoetsluys die gefährliche Lage der Raphaela mitgeteilt. Sobald es die Witterung irgend zuließ, hatte der Admiral des dortigen Kriegsschiffes den Dampfer zur Hilfe entsandt.
Dreißig Mann kamen an Bord und halfen fürs erste mal beim Ankerlichten. Die besorgten Gesichter ließen bald mehr als eine Spur Respekt erkennen. Die Bugsiertaue wurden festgemacht.
Die Raphaela reiste mit fremder Kraft. Sie wurde mit ihrer Eisenfracht vom Kohlenfeuer des Dampfers gezogen. Bei ruhigem Wasser ging es schnell voran. Im Schleppzug erreichten Schiff und Mannschaft wenige Stunden später den Hafen von Helvoetsluys.

V

Am Hafen standen schon haufenweise die Gaffer. Staunend blickten sie auf die Zerstörungen, die das furiose Zusammenspiel von Sturm und See auf der Bark angerichtet hatte. So etwas bekamen sie nicht alle Tage zu sehen: gebrochene Masten, fortgeschlagene Boote, zerschmetterte Verschanzungen.

Als Helden stiegen Voll- und Leichtmatrosen herunter, dann kamen die Schiffsjungen, auch sie, bis auf Achim, mit stolzgeschwellter Brust, und schließlich die Offiziere und der Kapitän.

Nur einer fehlte.

Achim spürte das jetzt nur nebenhin. Denn nun war der Kaufmann wieder da, der große Kaufmann. Auch er wurde durch die Errettung seines Sohnes nicht wieder lebendig. Aber der Streit, der Sturz, das war alles wieder da. Er wußte es: er hatte der Mutter das Herz, der Firma das Rückgrat gebrochen.

Seine Brust, die er eben noch in zaghaftem Trotz wie die andern ein wenig herausgerippt hatte, sank zusammen. Noch war das Schwanken des Schiffes unter seinen Sohlen, aber zugleich auch die eigentümliche feindselige Starrheit des Festlandes.

Zäh hatte die Raphaela an ihrer Fracht festgehalten. Behütet lag alle Ladung im Fach, und als man nun näher den Schaden zu prüfen begann, stellte man fest, daß der Rumpf trotz der schrecklichen Überanstrengung bei dem Abreiten des Sturmes unter Wasser kaum gelitten hatte. So brauchte die Raphaela nicht auf die Helling. Doch was an Reparaturen notwendig war, würde eine Zeit von sechs Wochen, wenn nicht noch eine Ecke mehr, in Anspruch nehmen.

Das aber bedeutete, daß erst kurz vor Weihnachten die

Fahrt des Dreimasters frühestens weitergehen konnte. Weihnachten! Achim erschrak und fragte sich verzweifelt: Wie soll ich mich hier so lange halten können, wo doch jeden Tag neue Zeitungen mit den neuesten Nachrichten gedruckt und ausgetragen werden, und man sicher auch bald in Lüdenfeld das Abenteuer der Raphaela erfahren wird? Freilich, niemand vermutete ihn unter der Mannschaft des Indienfahrers. Aber Onkel Rudolf, der Gerichtsvollzieher, würde allerhand in Bewegung gesetzt haben, sämtliche Behörden von Hamburg bis Le Havre. Schöne Rettung das!

„Du wirst noch etwas Heuer brauchen", sagte der Kapitän. Sie waren in einem Schiffshospiz recht gut untergekommen. Nur zögernd hatte Achim das Geld genommen. Das zweite Halbjahr war somit angebrochen. „Er ist im siebenten Monat", spaßten die Vollmatrosen.

Ihm aber war nicht spaßig zumute. Was wußten die schon von ihm! Bis Weihnachten also? Die Christtage hier verbringen? Und dann in allen Häusern ein Tannenbaum, wie zu Hause, wie im Haus des Vaters – kerzenbestückt, und in der Dämmerung eine Kerze nach der andern angezündet, alles Dunkel erhellend? Da sollte es nicht aus ihm herausbrechen: Ich habe seinen Tod verschuldet! Ich habe meine Mutter um alle Freude, um alles eigentliche Leben gebracht! Ich, ich, ich!

Die Anlagen und Etablissements des großen holländischen Kriegshafens lenkten ihn ein wenig ab. Vor den mächtigen Linienschiffen wirkte ihr Dreimaster nur wie ein Boot. So ein Artillerieschiff war höher als eine Dorfkirche, einschließlich ihres Turms. Auf einem solchen Artillerieschiff diente der Sohn des deutschen Konsuls. Ein junger Kadett. Sie lernten sich kennen. Das

kam so: Der junge Mann begleitete seinen Vater, der Kapitän hatte den Konsul eingeladen. Das Frühstück war großartig. Es entstand lebhaftes Gespräch, vom einen zum andern, über die Tafel hinweg. Auch Jan, so hieß der Junge, redete Achim an, wollte einiges wissen über das schwere Wetter, das die Raphaela so zugerichtet hatte. Und überhaupt, was Seemannskunde und Segelschiffahrt betraf.
„Merkwürdig", sagte er, „sie tanzte wie Kork auf den Wellen und hatte doch den Bauch voll Eisen."
Jo nickte. „Vielleicht war das unsere Rettung. Die Fracht leistete Widerstand und verminderte um ein Geringes den Schub, der an den Ketten riß."
„Das Eisen half dem Eisen", sagte der junge Mann lächelnd und zog an seiner blauen galonierten Uniformjacke. Sie stand ihm gut. Man merkte dem jungen Kadetten die glücklichen Umstände an, unter denen er lebte, zum mindesten gelebt hatte. Ob der Dienst, das Sich-hinauf-Dienen auf einem Artillerieschiff so viel leichter war als auf einem Dreimastsegler?
Ein schmucker Junge, dieser Jan. Sie hatten sogar von der Gestalt und der Art her, wie sie aufeinander zugingen, Ähnlichkeit miteinander. Aber dieser schmucke Jan hatte ein geglättetes Leben, eine schmucke Zukunft vor sich. Das war kein lebendiger Spiegel für ihn, obwohl jeder von der Sympathie des andern wußte. Begonnen hatte es damit, daß der Schiffsjunge Jo dem Kadetten Jan ausführlich über Einzelheiten berichten mußte, ausgefragt wurde, mit echtem Interesse. Immer neue Einzelheiten über das Segelschiffwesen. Vielleicht hatte auch Jan die Gunst eines Augenblicks verpaßt und sich in die Schienen einer vorgefertigten Karriere hineinbegeben. Auch von einem Vater vorbestimmt. Es war eine ungezwungene Vertraulichkeit zwischen ihnen, sogleich

der erste Schimmer einer unverbrüchlichen Freundschaft. Wie sehnte sich Achim danach!
Durch Zerlegung der Windkraft, durch Konstruktion des Kräfteparallelogramms erhielt man zwei Kräfte: die Normalkraft, die senkrecht auf der Segelfläche steht, und die Kraft, die längs der Segelfläche nach Lee abgleitet.
Warum sollte es nicht auch ihm gelingen, seine Schuldgefühle in eine Kraft zu zerlegen, die ihn vorwärtstrieb, vorwärtsbrachte?
Hatte er allen Ballast abgeworfen? Konnte er denn das? Ganz allein auf sich gestellt? Allerdings: Nur Ballast abwerfen half nicht, konnte gefährlich werden. Das war bei Schiffen und Menschen so. Etwas anderes mußte dafür her, wenn das eigne Gewicht den Stürmen standhalten sollte.

„Nicht mit losen Segeln liegen, Schweizer, Jochen. Damit kommt man nicht vorwärts und treibt nur nach Lee." Er hatte die Hand auf seiner Schulter nicht gleich gespürt, fuhr jetzt herum und sah das Gesicht des Bootsmannes. Beide standen an der reparierten Verschanzung. Achim murmelte: „Haben leicht reden."
Peter Hinrichsen aber setzte hinzu: „Immer hübsch voll halten, mein Junge. Dann kreuzt es sich gut auf konträrem Wind."
Wieder hatte Achim das Gefühl, daß einige von der Besatzung einiges wußten. Nein, daß alle alles wußten. Er räusperte sich, war beunruhigt und getröstet zugleich. Achim und Hinrichsen gingen auseinander.
Mehrmals hatten die Eltern des Kadetten Joachim einladen lassen. Anfangs konnte er es vermeiden, hinzugehen, aber schließlich saß er doch am Familientisch, knapp an der Stuhlkante, bemüht, nicht unhöflich zu sein; aber die Augen der Konsulin irritierten ihn, sie

bohrten sanft, doch unerbittlich in die seinen, ließen ihn nicht los – aber sie fragte ihn dabei nichts. Sie verglich ihn wohl mit ihrem Jan. Und auch er hatte ja schon denken müssen: Dieser Jo ist mir sehr ähnlich, er ist für mich ein Spiegelbild, wie es mir hätte ergehen können bei dauernd konträrem Wind.
Jan geleitete ihn dann zum Hafen. Etwas nötigte Achim, den Kopf zu heben, nach rechts hin. Auf der Straßenseite dort ging Ludwig Nowak und streifte sie beide mit einem ironischen Blick.
Er war wohl doch nur ein Gefangener auf Urlaub. Hier der schmucke Jan mit seinem geglätteten Leben, seiner schmucken Zukunft. Er aber war der Letzte auf einer Stufenleiter, jeder Leichtmatrose sah auf ihn herab. Und das, obwohl er ein „Doktor der Gerechtigkeit“ hätte werden sollen – und können.

An einem der nächsten Tage traf Achim den Kadetten draußen, an Land. Sie setzten sich in eine Kaffeestube.
„Ein unbedeutender Name, wie?“
„Welcher Name?“
„Jan“, antwortete der Kadett.
„Mein Vater nannte mich Jo“, beeilte sich Achim zu sagen.
„Wie nennt er Sie jetzt?“
Und als Joachim nicht antwortete: „Wollen Sie meine Braut kennenlernen?“
Achim erschrak. Also auch das gab es schon im geglätteten Leben dieses neuen Freundes. Und bald darauf lernte er das Mädchen kennen. Er war überrascht. Jan hatte nur erwähnt: „Sie ist – wie soll ich sagen –, einer ihrer Großväter war Minister in Tokio.“
Und nun diese Mandelaugen. Er war entzückt und überwältigt, erfreut und abgestoßen. Nicht von dem

Mädchen. Von Jan, denn er hätte ihn auf die Fremdheit in aller Freundschaft doch vorbereiten können, ja müssen. Die Art, wie sie zuhörte, war voller Zärtlichkeit, auch Jo war miteingeschlossen. Ihre Finger strichen befangen über das Tischtuch; und das wenige, was sie sagte, nicht ohne Akzent, sagte sie leise, mit hoher Stimme, immer lächelnd.
Nach dieser Begegnung rief man Achim zur Polizei. Hatte man ihn angezeigt? Avisiert?
Es handelte sich jedoch nur um eine kurze Aussage über den Tod Heinrichs. Zeuge war er, nicht Delinquent.

Die „krachtige Taal“ hier, die kräftige Sprache, das gesteigerte Platt, das Niederländische, plattestes Platt der Welt, machte ihn nervös. Er vermutete, daß sich hinter den aufgeweichten Konsonanten und breitgezogenen Selbstlauten sehr viel Selbstsicherheit, vielleicht sogar Selbstgerechtigkeit verbarg, strenge Bürgerlichkeit, die alle seine Lebensumstände mißachten mußte. Und er wollte es ja auch nicht leugnen, daß sein bisheriges Leben den Gesetzen dieser Menschen nicht entsprach. Wie lange konnte er sich noch verstecken, verstellen? Er trug immer ein unsichtbares, aber drückendes Paket von Lügen im Nacken. Jan hatte einem Dieb seine Freundschaft geschenkt.
Aber es kam bald der Tag, an dem sich der schmucke Jan von seinen Eltern und seiner mandeläugigen Verlobten trennen, verabschieden mußte. Auch von Achim. Er tat es beinah ein wenig nebenbei. Die Mannschaft des Linienschiffes war gerade sichtbar gut in Schuß. Ja, es war etwas Beiläufiges in der Verabschiedung gewesen, die ihm Jan gewährt hatte. Oben stand, sehr oben, die Hand an der Mütze, der Kadett Jan. Der Spalt zwischen ihnen erweiterte sich, wurde Zwischenraum, breite Wasser-

bahn. Bleib doch, gutes Selbst! Bleib doch, schönes Ich! hätte Achim gern hinaufgerufen. Aber da war nun die Stimme Peter Hinrichsens, der sich neben ihn gestellt hatte.
„Bei der Marine möchte ich lieber nicht sein, bei der nicht. Das Ding da ist doch nur ein schwimmendes Zuchthaus."
Achim blickte ihn überrascht, dann mit nachdenklicher Zustimmung an.
„Ich nehme dich mit", sagte der Bootsmann. „Wir gehen in den Klub."
Es war ja so, daß man sich in der Hafengegend nicht herumtreiben konnte, denn viel angeworbene, schlecht bezahlte Mannschaft mit ihrem weiblichen, ebenfalls schlecht bezahlten Anhang trieb sich da schon herum. Und es kam oft zu Reibereien. Die kleine Stadt und ihre Bewohner mußten sich mit dem mächtig angeschwollenen Kriegshafen arrangieren, ohne daß muckerisches und anrüchiges Wesen überhand nahmen. Wer von den Seeleuten etwas auf sich hielt, strebte zu einem der sechs- bis siebenhundert großen Ostindienfahrer. Dort gab es eine Heuer, die man zwischen den Fingern spürte. An wen sollten sich die Kriegsschiffe halten, die mit fettig glänzenden Rohren gespickten Linienschiffe? Da ging ja alles Geld in die Armatur. Der Staat war kein Unternehmer, er trieb nicht Kauffahrtei.
Und so zogen die Werber hier von Kneipe zu Kneipe, nahmen mit, wem sie die Zustimmung hatten ablisten können. Das war oft mühsam und verbrauchte viel vielprozentigen Fusel. Die Höhe des Alkoholgehaltes stand dann im umgekehrten Verhältnis zur Geringfügigkeit des Salärs.
Da war der Klub schon ein anziehenderer Ort. Achim hätte Hinrichsen, der ihn einführen wollte, gern ab-

gesagt. Aber er konnte ihm nicht gut widersprechen. Das hätte einen Mißton über die ganze Fahrt weg bis zur Ankunft in Java und länger gegeben.
Feierlich ging der Bootsmann neben dem Schiffsjungen an der rechten Seite, wie sich's versteht, und er wies den Neuling auf allerlei Merkwürdigkeiten des Hafenlebens hin. Beide hatten sich feingemacht. Unwillkürlich aber spitzte Achim Ohr und Auge, wenn er einen Hüter des Gesetzes sah. Er war erleichtert, als sie an ein altertümliches, aber reputierliches Gasthaus kamen, zum Klub. Seeleute buntester Herkunft trafen sich da, saßen zusammen, aber nur die höheren Chargen von Handelsschiffen. Die bewaffnete Marine war ausgeschlossen. Steuerleute und Bootsleute aller Schiffstypen hielten Sermon und Ritual. Sie waren sich alle bewußt, die „anständige Societät der Seefahrer" zu bilden.
Es war immer dasselbe: Sobald er festen Boden unter den Füßen hatte, verlor er die Sicherheit, wurde schwankend. Was tun? Was vermeiden? Da war er wieder, dieser Druck unterm Hals, unterm Kehlkopf. Würde er ihn nie loswerden, bis Java, bis Batavia nicht?
Hinrichsen hatte es gut gemeint, aber Achim kam sich schon beim Eintritt in die große Stube wie verraten und verkauft vor. Alle und alles fremd für ihn, geradezu feindlich. Der Raum nur spärlich beleuchtet, was noch das Beste an ihm war, und da jeder Seemann hier mit dem andern um die Wette paffte, konnte sich das blaugraue Gewölk nicht verziehen. Das war Achim lieb so, fühlte er sich dadurch doch ein wenig geschützt. Auf den breiten, mächtigen Bänken saßen breite, schwerfällige Männer, ihres Daseins und So-seins gewiß, jeder mit einem Glas Genever vor sich und einer langen Tonpfeife im Mund. Es wurde, wie der Bootsmann hinterher dem Jungen erklärte, eine strenge Rangordnung eingehalten, man

konnte sich nicht einfach hinsetzen, wo gerade ein Platz frei war. Die Sitzordnung ergab sich aus der Zahl der Ostindienfahrten jedes einzelnen. Siebenmal mußte jeder in einem der Häfen der großen ostindischen Länder- und Inselgruppe gewesen sein, der den Anspruch erheben wollte, in diesen Klub aufgenommen zu werden. Nach sieben Ostindienfahrten erhielt man das Prädikat „vollbefahren".

Keiner versuchte, Seemannsgarn zu spinnen. Über so etwas waren diese Herren hinaus, wenn sie unter sich waren. Peter Hinrichsen wirkte in dieser Umgebung angestrengt, nicht nur wegen der Sprachschwierigkeit, sondern weil er es, ein geübter Grönlandfahrer, erst auf drei Ostindienreisen gebracht hatte. Trotzdem war es ihm durch ein gewisses Ansehen möglich, in die Runde aufgenommen zu werden, sogar in Begleitung eines Grünlings wie Joachim. Den spendierten Genever zwang der hinunter, die Kalkpfeife ersparte man ihm, denn es war nicht angebracht, in Gegenwart von so hohen Persönlichkeiten zu rauchen, wenn man bisher nur die Strecke zwischen Hamburg und Helvoetsluys befahren hatte.

Zwei Stunden hielt Achim es in der Runde der „Vollbefahrenen" aus, dann bat er den Bootsmann leise, aber dringlich um Erlaubnis, an Bord gehen zu dürfen. Es wurde ihm gnädigst gestattet, und der würdevolle Vorsitzende, bei dessen vielen langen Haaren man nicht wußte, was zum Bart und was zum Kopfbewuchs gehörte, deutete an, daß auch er einmal grün gewesen sei. Jetzt hatte er achtzehn große Segelfahrten nach Java, Vorderindien und Hinterindien hinter sich gebracht.

Achim stieg in den Bauch der Raphaela, setzte sich auf seine Kiste und begann bei dem trübe flackernden Licht der Logislampe einen Brief an die Mutter zu schreiben, wie alles gekommen sei. Einige, die herumsaßen, die nicht Ausgang hatten, vertrieben sich die Zeit mit Kartendrusch. An der Art, wie man ihn nicht beachtete, merkte Joachim, wie sehr man ihn beobachtete. Es war zum erstenmal, daß er nach Papier und Feder gegriffen hatte. Es wurde aber immer schwieriger für ihn, die rechten Worte zu finden, sie quollen ihm unter den Händen. Er würde den Brief später zu Ende schreiben und vielleicht erst auf der großen Insel, wenn ihm die ersten Wasserbüffel über den Weg trotteten, in einen Briefkasten stecken.

Die letzten Landtage zogen sich zäh hin. Ähnlich wie bei der ersten Ausfahrt von Hamburg im Elbstrom. Aber plötzlich war alles anders. Bei wolkigem Westwind hatten sie dagelegen, in unmittelbarer Nähe des Linienschiffes „Kortena“. Dort machte man sich mit den 830 Mann ebenfalls fertig, um nach Java zu gehen. Manchem der Angeworbenen, dessen Alkoholstimmung inzwischen gründlich verflogen war, mißfiel die schlechte Bezahlung, dazu der überstramme Dienst, und sie versuchten, nachdem sie das schmale Handgeld ausgegeben oder im Jackenfutter versteckt hatten, dem Drill, den Schindereien des Dienstes zu entkommen. Aber sie wurden meist gepackt. Und da war nun einer, der schon zweimal desertiert war und den man wieder eingefangen hatte. Man zog ihn an einem Tau die Großrahe hinauf, bis zu einer Höhe von fünfzig Fuß. Von da ließ man ihn in das eisige Wasser fallen. Dann holten sie ihn auf das Deck, und Achim hörte trotz des Trommelwirbels das Klatschen des Tauendes auf die nassen Kleider, das gellende Geschrei des Mariners. Und war doch auch ein Mensch, ein Seemann. Wären nicht die andern um ihn gewesen, Achim hätte sich die Ohren mit beiden Händen zugehalten.

Die Raphaela war jetzt wieder hergerichtet. Endlich das Klippklapp der Ankerwinden, wie die Kette Glied um Glied durch das Klüsenloch im Bug des Schiffes wanderte. In der ganzen Flotte der Wartenden dieses Klippklapp. Und plötzlich war alles flott und wurde von der See, die nicht hatte Einlaß geben wollen, mit Ungestüm angesogen.

Der Dreimaster verließ den Hafen. Der Wind war günstig. Schon am nächsten Tag tauchten die Kreidefelsen Englands auf, und pfeilschnell ging es bei gutem Wetter durch den Kanal, als wolle die Raphaela einholen, was sie versäumt hatte.

Da war nun aber die Sache mit Ludwig Nowak, und wenn Achim gemeint hatte, aufatmen zu können, so sollte sich nun der neue Druck wie etwas nicht Abzuschüttelndes auf ihn legen, ihn peinigen, aber ihn auch formen.

„Weißt du", sagte Nowak, „vorher stand der Sturm zwischen uns, dann die Erde Hollands und schließlich dein Busenfreund Jan. Du wirst zugeben, daß ich Geduld bewiesen habe. Jetzt aber können gewisse Angelegenheiten nicht mehr aufgeschoben werden. Bist du bereit?"

„Wozu?"

„Mich anzuhören."

„Was gibt es da viel zu sagen und zu hören?" erwiderte Achim. „Sie glauben, irgend etwas von mir zu wissen, und es macht Ihnen Spaß, mich zu quälen. Ich habe einmal gesehen, wie man eine Maus in den Eimer geworfen hat."

„Die Sache verhält sich noch etwas anders", sagte Nowak. „Ich weiß von dem Unfall, der deinem Vater passiert ist, und der kein Unfall war, wie du selber zugegeben hast, sondern etwas anderes – ich kenne den Grund, warum du geflohen bist, und warum sie dich suchen, und warum du den Schutz eines Stärkeren brauchst. Nur eins vertrage ich nicht, merk dir das: Obstruktion."

Sie wurden getrennt, durch den Dienst. Nie hatte Achim den Dienst so zu schätzen gewußt wie heute.

Und jetzt beherrschten wieder die stürmischen Auseinandersetzungen mit der See Tag und Nacht. Das Barometer fiel in den Keller. Die See wurde höher und höher. Biskayasee. Der Südwest blies wie ein Satan, der Schalmei übte. Dann fuhr er genießerisch langsam herum, pfiff und trommelte plötzlich aus Nordwest. Die See himmelhoch. Ging es ihnen an die Rundhölzer? Mußte wieder der Fockmast dran glauben? Hagel, Schnee und bittere spanische Kälte. Die Segel blieben stets gerefft. So quälten sie sich bis zur Höhe von Kap Finisterre. Und da kam plötzlich ein strammer portugiesischer Nordwind daher. Die Raphaela flog südwärts unter einem Preß von Segeln. Anfangs traute der Kapitän dem Frieden nicht ganz. Er ließ kaum ein Reff ausstekken, doch das Barometer stieg wieder langsam. Kein fettes Pferd trabte durch den Traum des Zimmermanns, keine magere Frauensperson beunruhigte die Nachtruhe des Kombüsenchefs. Da glaubte man hinter wie vor dem Mast, in der Kajüte wie im Logis allmählich, daß die Richtung hielt, und es wurde der Raphaela an Segeln aufgepackt, was irgend hängen wollte.

Nowak ließ sich Zeit. Doch es war wie jedesmal: Wenn Achim zu hoffen begann, der Spuk sei vorüber, kam die neue Annäherung.

Da der Vollmatrose einiges wußte, war es nötig, anderes zu sagen, das Unklare aufklärend abzuschwächen. Nowak hätte gar nicht erst sagen müssen: „Ich habe dir allmählich alles abgelockt. Anfangs wußte ich überhaupt nichts."

„Triumphieren Sie nicht zu früh, Nowak“, sagte Joachim, und es glomm in ihm stummer, aber sich deutlich steigernder Haß empor. Er sagte nichts, schwieg aber den Aufdringlichen so heftig an, daß dieser beschwichtigend die Hand hob.
„Ich sage ja nicht, Reinhart, daß Sie ein Verbrecher sind.“
„Vielleicht sind Sie einer“, antwortete Joachim, drehte sich um und ging zum Bootsmann.
Zwei Tage später paßte Nowak wieder eine Gelegenheit ab, um mit Joachim allein sprechen zu können.
„Hören Sie, Reinhart“, sagte Nowak, „wir müssen uns verbünden. Vertrauen gegen Vertrauen.“
Und Achim erfuhr, daß der, den er für einen Handlanger der Polizei gehalten, aus dem Gefängnis entwichen war.
„So?“ fragte er und verbarg seine Überraschung. „Hätte ich mir denken können.“
Nowak erzählte von seinem Zuhause. Er war der Sohn eines erfolgreichen Friseurs. „Na ja, er hat selten Kamm und Schere angerührt, Prinzipal, der er ist. An Geld hat es bei uns nie gefehlt. Übrigens hätte ich nur noch zwei Monate abzusitzen gehabt.“
„Da wäre ich an Ihrer Stelle . . . “
Nowak ließ ihn nicht ausreden. „Was wissen Sie davon! Ich hatte genug von dem heißen Graupentopf und dem kalten Eimerbügel. Wollte wieder einmal etwas anderes atmen als mich selber. Verstehen Sie das nicht?“
„So sitzen wir in demselben Boot“, meinte Achim mit angestrengter Lässigkeit.
Der andere prustete lachend heraus: „Pardon, Sie merken aber auch alles. Spaß beiseite. Warum ich eingelocht wurde? Tja – das war etwas, was eigentlich nicht strafbar ist, wenigstens nicht überall. Beispielsweise in der Schweiz, oder so links und auch ein bißchen rechts vom Rhein, wo noch der Code Napoléon gilt, ist es durchaus

nicht strafbar. Sie bereiten allerdings auch da einen Paragraphen vor. Kann noch Jahrzehnte dauern, bis er durchkommt, und dann ist man sowieso ein Greis. Das sind mir schöne Humanisten: In der höheren Schule lehren sie, daß die Griechen auch so gelebt haben, und heutzutage wollen sie es nicht gelten lassen."
„Herr Nowak, ich möchte aber nichts mit Ihren Geschichten zu tun haben."
Der Matrose legte ihm zwei Finger ins Ellbogengelenk. „Sagen Sie wieder Nowak zu mir oder auch Ludwig. Ist ja sowieso nicht mein richtiger Name. Was meinen Sie wohl, wie teuer der Paß gewesen ist! Aber ich hatte die nötigen Penunzen."
Was wollte alias Nowak von ihm? Kalt und grau kam es unter seinen Lidern hervor, doch die Stimme war erhitzt, der Mann loderte geradezu. Achim hatte nur den Wunsch, sich auf Zehenspitzen zu stellen und in einer Pirouette Abstand zu gewinnen, mindestens drei Schritte Abstand!
Von jetzt an vermied er noch mehr jedes Alleinsein mit Nowak, doch vermied er es auch, ihn herauszufordern, ihn zu beleidigen. Nebenher flüsterte der ihm zu: „Ich habe Sie in der Hand, Reinhart. Sie können ruhig ein bißchen nett zu mir sein."
„Ich habe Sie auch in der Hand."
„Pah!" meinte Nowak. „Ich kriege alles in allem, wenn's schlimm kommt, sechs bis zwölf Monate. Sie aber würde man in Zwangsverwahrung nehmen."
Kannte Nowak sein genaues Alter? Achims Geburtstag hatten sie nicht gefeiert, er war wie jedes andere Datum unbemerkt im Sturmgebraus und Wogenprall untergegangen.
Jetzt war es umgekehrt; hatte er sich bisher auf dem schwankenden Schiffsboden sicher gefühlt und auf

festem Land seine Selbstsicherheit verloren, so dachte er jetzt: Wenn es eine Art Freiheit gibt, so an der Küste, nicht auf dem Schiff, hier ist die Gefangenschaft, das Eingeschlossensein mit zwanzig Menschen, Leuten unterschiedlichsten Herkommens, von verschiedenster Artung und Vergangenheit. Jeder hatte hier schon ein, zwei Leben hinter sich.
Und immer die Regenjacke, immer der Südwester, immer die schweren Seestiefel! Und bei Tisch die blecherne Schüssel in der Luft balancieren.

Der Wind hatte nachgelassen, auch seine Stetigkeit ließ nach, es wurde ruhiger. „Wir sind genug herumgestoßen worden", meinte der Bootsmann.
Die Raphaela lag auf der Höhe der Straße von Gibraltar. Die Haut spürte es, in der Luft lag etwas. Kein Hagel mehr, nicht Schnee, nur Wärme, richtige Wärme. Bisher hatte man die Luken verschlossen halten müssen. Die Luft hatte sich gestaut, war dampfig, dumpf geworden. Und immer bisher die nassen Kleider, immer das klamme Bettzeug! Und jetzt? Sonne und Wind trockneten abwechselnd, was gestockt und feucht war. In jeder Luke wurden Windsäcke aufgeheißt. Das Oberdeck war in einen Trockenboden verwandelt. Es wurde gelacht und gescherzt, manchmal sogar schon ein wenig wüst, doch diese Derbheit gehörte zu der steifen Bark.
Nowak pirschte sich wieder heran. Doch wurden alle, auch er, abgelenkt, weil es just auf etwas anderes Jagd zu machen galt. Die erste Schildkröte war gesichtet worden. Bootsmann Hinrichsen beeilte sich mit den Vorbereitungen. Er hatte viel Erfahrung, zeigte Achim die Handgriffe. „Dieser Fisch", sagte er, „will so erlegt werden, dieser auf eine andere Art."
Da – die zweite, die dritte Schildkröte. Jede etwa einen

halben Zentner schwer. Durch Backlegen der Segel wurde die geringe Fahrt des Schiffes ganz aufgehalten, und sie ließen ein Boot zu Wasser. „Sie schläft“, meinte Hinrichsen, aufgeregt mit dem Finger hinzeigend. Man mußte sich geräuschlos nähern. Noch zwanzig Meter war das Ruderboot entfernt – ein letztes Vorwärtsschnellen und dann mit angehaltenem Atem laufen lassen. Der Mann am Steuer mußte das Boot genau auf den schwimmenden Panzer dirigieren. Vorne im Boot stand einer mit dem Schildkrötennetz. Zwei Bootshaken waren wie ein Andreaskreuz übereinandergebunden. Zwischen den beiden äußeren und kürzeren Scheren hatte Hinrichsen ein grobmaschiges Netz sackartig, aber nicht zu tief herabhängend, befestigt. Die längere Schere diente als Handhabe, der Steven des Bootes als Stützpunkt. Im richtigen Augenblick mußte das Netz so weit gesenkt werden, daß man mit ihm die Schildkröte unterfuhr. Dann aber hieß es: die Knüpfung rasch über Wasser und ins Boot heben.

Sie fingen eine und noch eine. Sie legten die zornbebenden Fleischkolosse auf den Rücken, stachen zu, mußten sich vor dem Maul in acht nehmen. Die Hornkiefer konnten fest zuschnappen und einen Fuß- oder Armknochen zum mindesten morschbeißen.

Der grauhaarige Bootsmann handhabte das Netz mit großer Geschicklichkeit, elastisch federnd wie ein Jüngling. Sogar eine dritte Schildkröte, die sie später entdeckten, wurde ins Boot gehievt. Dann freilich frischte die Brise auf, die glatte See wurde rauh. Sie mußten sich beeilen, wieder an Bord zu kommen. Allen schmeckte diese Zutat, allen, bis auf Nowak, der eine Aversion gegen den Schildkrötengeruch hatte.

„Dieser feine Pinkel!“ maunzte Hinrichsen. „Na, um so besser. Kriegen wir mehr ab.“

Zur Suppe war ein Schuß Sherry oder Madeira das richtige. „Ja, Madeira!“ sagte Peter Hansen. „Wir haben ohnehin nicht mehr weit bis dahin.“ Es war Brauch, daß die Schiffsleitung demjenigen, der als erster die Insel entdeckte, Segeltuch für eine neue Hose spendierte, die er sich allerdings selbst anfertigen mußte.
„Ich hab einmal von der Insel Ascension zwei Schildkröten mitgenommen“, berichtete der Bootsmann. „Die ganze Zeit haben die unter dem Decksboot auf dem Rücken gelegen, mit einem nassen Sack unter dem Kopf, und wenn die See es nicht selber besorgt hat, wurden ihnen täglich ein paar Eimer Wasser übergegossen.“
„Und was haben sie gefressen?“
„Zu fressen haben sie nichts gekriegt. Was sollten wir ihnen denn geben, Schweizer? Die beiden sind trotzdem lebend nach Deutschland gekommen. Eine von ihnen hat wochenlang jeden Tag fünfzehn bis achtzehn Eier gelegt, die haben wir uns dann auch schmecken lassen.“
Ja, sie mußten jetzt bald auf der Höhe von Madeira und damit auf der Grenze der Tropen sein. Alle strengten ihre Augen an. So eine Segeltuchhose war ein Andenken besonderer Art, wie ein bleibender Lotteriegewinn. Aber die Küste wollte nicht zum Vorschein kommen. Das verdarb den meisten die gute Laune. Der Kapitän, der ohnehin nicht viel davon besaß, schimpfte mit sich selber wegen seiner astronomischen Berechnungen. Achim hatte täglich während der Freiwache zwei Stunden umsonst im Topp gesessen und Ausguck gehalten.
Als er sich in der Nacht von regulärer Wache ins Logis zurückgezogen hatte und gerade am Einschlafen war, hörte er es rascheln, scharren, meinte zuerst, es wäre eine große Maus oder auch eine Ratte. Doch nein, ein Flüstern war das, Ludwig Nowaks Stimme vor Achims Koje.
Er hörte, wie der Matrose hereinkam, sich herantastete.

„Ein unaufschiebbares Gespräch! Ich halte es nicht mehr aus. Ich muß mit Ihnen sprechen."
Joachim machte sich schmal, noch schmäler.
„Hier hat ja Heinrich geschlafen", flüsterte der andere weiter. „Heinrich Petersen. Sie wissen doch."
„Allerdings", brachte Joachim hervor.
„Aber Sie wissen noch gar nicht, wer ich bin. Ich habe auch ein Gymnasium besucht, ein halbes Jahr noch die Obersekunda. Ich kann Golf spielen und manches andere mehr. Haben Sie denn nicht gleich gemerkt, daß ich – gebildeter –, daß ich – anders bin als sonst die Matrosen?"
„Ich verstehe immer noch nicht –." Er will bei mir schlafen, dachte Achim alarmiert.
Nowak schwieg eine Weile. Dann erzählte er von seiner Mutter, mit guten Worten. Auch sonst benahm er sich im Dunkel dieser Kojennacht manierlich, ja nobel. Nicht ein einziges Mal trafen sich die Ellbogen der beiden.
„Was redeten Sie denn", fragte Achim gegen seinen Willen, „was redeten Sie da vom Code Napoléon?"
Der Besucher lachte kurz. Dann: „Sie wissen doch, daß der Korse überall Gesetze in Kraft gesetzt hat –."
„Das weiß ich natürlich aus der Penne."
„Nirgends steht in diesen Gesetzen ein Wort davon, daß diese Sache ungesetzlich, daß sie strafbar sei. Es ist eine reine Privatsache. Jetzt aber wollen die Militärs, die Pfaffen und die andern Vertreter der bürgerlichen Repräsentanz – verstehen Sie, mein Junge? –, sie wollen auch rechts vom Rhein, wo wir jetzt doch ein großer Staat geworden sind, einen Paragraphen dagegen einführen. Aber gut Ding will Weile haben. Sie sind doch verlobt, nicht wahr?"
„Was geht Sie das an?" wollte Joachim erwidern, schwieg aber. Der andere nahm es als Zustimmung. „Ja, das ist

gut", lobte er. „Das finde ich sehr gut. Da wir so viel voneinander wissen, Joachim Reinhart, sagen Sie mir doch ruhig den Namen Ihrer Braut."
„Braut ist zuviel gesagt, Herr Nowak", kam die geflüsterte Antwort. Nowak konnte einem eben alles ablocken. Er behauptete einfach irgend etwas, und man mußte dann korrigieren. So erfuhr er auch einiges über Selma.
„Ich kann sie mir direkt vorstellen, Joachim. Ein süßes Mädchen, eine Aristokratin. Ich beglückwünsche Sie zu dieser Allianz."
Und wieder Schweigen. Achim wollte nichts mehr preisgeben. Doch Nowak zwang ihn, hinzuhören, es war ein Fauchen in seiner Stimme: „Diese Sache da mit Ihrem Seejunker, dem Jan, Sie wissen doch, dem Sohn des Konsuls – das hat mir einen Anhalt gegeben. Es ist doch allgemein menschlich. Man sollte nicht so viel Aufhebens davon machen. Wir kennen das alle doch aus unserer Knabenzeit. Seien Sie einmal ehrlich, Reinhart, jeder hat sich selber entzückt. Mit den Fingern – und so –."
Leise vor sich hinkochend, abwehrend, sagte Achim darauf nur: „Oh!"
„Na, na", meinte der andere, „ehrlich!"
Beleidigt, vor Zorn fast aufweinend, stieß Achim jetzt hervor: „Nie. Nie!"
„Da hätten wir ja das ganze Wort beisammen. Oh – na na – nie. Aber ich rede gar nicht einmal davon. Mich interessiert, ob es bei Ihnen nicht einmal hinübergefunkt hat. Nicht zu Selma meine ich, sondern zum andern Pol, verstehen Sie mich?"
Achim blieb stumm.
„Sie müssen sich da nur an die Zeit mit zwölf oder dreizehn erinnern. Machen Sie Ihr Gedächtnis scharf. Noch schärfer."

Da waren auf einmal die Zwillinge, eine Klasse unter ihm, in der Quinta, die bildhübschen Söhne eines Arztes. Der eine hatte etwas aufgeworfene Lippen. Ihn mochte Joachim nicht sonderlich. Aber der andere mit seinem ebenmäßigen, feingerundeten blassen Gesicht, den dichten, schwärzlichen Wimpern, alles an ihm entzückte Joachim. Meistens trugen die Zwillinge Matrosenblusen, das war so die Mode. Jetzt sah Joachim das appetitliche weiße geschlungene Bändchen über dem etwas pummligen dunkelblauen Matrosenschlips, alles feinster Stoff, bestes Material.

„Gehen Sie hinaus, Herr Nowak."

„Aber, aber –."

„Auf der Stelle! Oder ich schreie die Leute wach."

VI

Sie hatten Madeira nicht gesehen, waren also in die Tropen hineingeschliddert ohne Markierung. Schade. Macht nichts. Sie hatten die Insel links liegenlassen. Den Schuß Madeira für die Schildkrötensuppe hätten sie ja doch nicht auf dem Luftweg herüberschlauchen können. Das schöne Wetter brachte alles ins Gleis. Aus Nordwind war Nordost geworden, und sie fuhren in die Region des Passats ein. Der letzte Sturm war verschnoben, die letzte Hagelbö vertrommelt. Kein Notruf mehr in der Nacht: „Reeve! Reeve!". Nebel und Finsternis? I bewahre! Wochenlang zieht da ein Schiff so seine Bahn, ohne daß die Stellung der Segel verändert wird, denn die milde, doch nicht schwächliche Brise weht auf die trigonometrische Minute genau immer aus derselben Richtung. Der Himmel ist blau, nur blau. Höchstes Blau. Und die Ebene unter ihm, das sanft brisende Meer, von tiefstem Blau. Die Sonne hier sengt nicht, verzehrt nicht, sondern strömt Dasein aus, fördert das Leben alles Lebendigen.

Die Mannschaft mußte sich hier nicht schinden wie in den nördlichen Gewässern. Die Tage vergingen im Gleichmaß. Natürlich hatten die Männer der Raphaela auch jetzt alle Hände voll zu tun, aber die Arbeit strengte sie nicht an.

„So ein Schiff", sagte Hinrichsen, „ist immer reparaturbedürftig wie eine Damenuhr."

Nie ist das Fahrzeug völlig in Ordnung. Die unablässige Bewegung, der die Taue und Segel ausgesetzt sind, scheuert sie aneinander, macht sie leiden. Da muß tagtäglich die ganze Takelage revidiert werden. Immer sind ein paar Männer damit beschäftigt, die verwundbarsten Stellen mit Schonungsmaterial zu bewickeln. Was geht nicht alles unmerklich durch den Gebrauch entzwei, was muß nicht alles ersetzt werden! Auch bei der Raphaela hatten Regen und Salzwellen den Teer vom stehenden Gut gewaschen, die Farbe von den Rahen und Planken. Infolge der Erhitzung war das Pech aus den Nähten geschmolzen. Die Haltetaue der Masten, der Stengen waren durch das neue Klima gedehnt, mußten straffer angesetzt werden. Ein Ende gab es nie, immer nur neuen Anfang. Aber es war für die Matrosen und Schiffslehrlinge keine übermäßige Plage.

Sie brauchten im Passat Gegensegler kaum zu fürchten. Die hatten eine andere Route. Mit dem Ausguck wurde es nicht allzu streng genommen.

Da flochten sie nun Hüte aus Havannastroh, brachten ihre Montur in Ordnung, mit Garn und grober Nadel. Dann ging es ans Teppichnähen. Die Zutaten waren primitiv: geteertes Manilatauwerk, braun und weiß, dazu noch blaue und rote Wolle. Das war kein weibisches Geschäft, es brauchte nicht nur Geduld und Geschick, aber man konnte auf diese Art nach der Heimkehr die Heuer ein wenig aufrunden.

Gut ausgestattet hatte sich Bonke Jürgensen fürs Tätowieren. Das war seine Spezialität. Bei den Schikanen durch Böen und Stürme, bei den Püffen durch eine auch nur kabblige See wäre das Arrangement der Nadeln mal hier mal dort unter die Haut gegangen. Jetzt hatte man aber schönstes Tätowierwetter. Joachim freilich machte einen Bogen um das unblutig schmerzhafte Handwerk, dem der Vollmatrose Bonke Jürgensen mit soviel Fertigkeit oblag, daß man ihn in solchen Stunden „Meister" nannte. Er hatte drei Nähnadeln so zusammengebunden, daß sie ein Dreieck bildeten und die vorderste ein wenig vorstand.

Die Freiwachen versammelten sich trüppchenweise im Logis. Wenn entschieden war, was gestochen wurde, hatten die Zuschauer und der Behandelte selbst den Mund zu halten. Nun waren ja die meisten schon reichlich geschmückt, aber es gab immer noch die eine oder andere geeignete Brust, einen nackten linken oder rechten Arm, und nur zwei in der Mannschaft gingen mit bemaltem Gesäß herum. Gerade bei diesem Körperteil fühlte sich Bonke als Spezialist, und so wollte er einem etwas dümmlichen Leichtmatrosen, von dem man sagte, er werde nie ein Voller werden, die Schmückung seines Hinterteils aufschwatzen. Der Klient machte aber ein bedenkliches Gesicht.

„Ich male dir links eine prachtvolle schwarzweißrote Katze und rechts eine blaugraue Maus, die gerade im Schlupfloch verschwinden will."

„Im Schlupfloch verschwinden will?" fragte der Bewerber verständnislos.

Gutmütiges Gelächter klärte ihn auf.

Er sagte energisch nein. So etwas sei denn doch wohl noch nie vorgekommen.

„Was?" entrüstete sich der Tätowierer. „Willst du mir Unterricht geben? In Edinburgh beispielsweise ist dieses Doppelgemälde sehr beliebt."

„Nein, dann schon lieber den Brustkasten."

Man beriet eifrig, wie man die Brustwarzen in dem Konterfei mitverwenden könne.

„Als Nase", schlug einer vor.

„Nee, das hat keine Ähnlichkeit."

„Komm mal her", grinste Bonke und zog das Gesicht seines Klienten am Ohrläppchen zu sich herunter, „wir machen das mit einer Frau. Und die Brustwarze ist dann –."

Die Köpfe drängten sich um Jürgensen, explodierten in einem neuen Gelächter.

Der Dümmliche, der gar nicht so dümmlich war,

entschied sich dafür, auf seinem Rücken eine Madonna mit einem Rosenstrauß anbringen zu lassen.
Unzählige kleine Löcher stach Bonke Jürgensen in die Haut, rieb Zinnober in chinesische Tusche hinein, ein ganzes Farbenspiel. Oh, er war wohlversorgt mit allen Materialien, die benötigt wurden, denn er hatte gewußt, daß man seine Dienste in Anspruch nehmen würde. Billig? Nein, billig war so etwas nicht.
Die Tümmler jagten Fliegende Fische, die segelnden Menschen jagten die Tümmler. Sie hatten dazu neunzakkige Harpunen, Elger genannt. Delphinfleisch war sehr trocken. Es galt aber auch als tückisch. Der Kombüsenmeister machte die Löffelprobe. Das Silber lief allerdings nicht an. Trotzdem, Hände weg davon.

Achim hatte jetzt einen Lieblingsplatz. Das war der Außenklüverbaum, die zweite Verlängerung des Bugspriets, etwa fünfzig Fuß vor dem Schiffsrumpf. Dort saß er auf seiner Freiwache im Passat oft stundenlang.
Man saß hier eigentlich sehr bequem, mußte nur dann und wann mit zwei Fingern regulieren. Verschwunden war die Mannschaft, verschwunden das ganze Schiff mit seinen Widrigkeiten. Der mächtige Ozean lag als eine liebliche, blaugleißende, nur leicht wellende Platte vor ihm. Wenn er sich umdrehte, sah er von seinem luftigen Sitz die Raphaela wie ein von ihm getrenntes hölzernes Lebewesen, das Nerven und Sehnen hatte, eine oft geschwellte Brust und ein kluges Speichenhirn. Schmal und schwarz wirkte der Rumpf, schwarz der Bug. Die zerschnittenen Wasser kräuselten auf, stäubten, und in diesen Dunstpartikelchen entstand durch die Sonnenstrahlen ein wandernder Regenbogen.
Die Welt ist schön! Ich allerdings bin häßlich. Auch Nowak ist häßlich. Die Menschen überhaupt, im allge-

meinen. Vielleicht bin ich, Balthasars Jo, nicht an sich häßlich, aber mein Leben, wie das alles gekommen ist – grundhäßlich.
Vater verloren, Mutter verloren, Selma verloren, nur das Meer dafür gewonnen – dieses hier, dieses Große ringsum, diese wandernde Weite, die Segel alle, das oberste Segel, das dreieckige Himmelssegel der Raphaela. Ja, sein blendendes Weiß hat eine Kommunikation mit dem Himmel.
„Reinhart, labsalben!" hieß es. Also die Reinigung des stehenden Gutes. Das war aber fürwahr kein Labsal! Alle Taue, die zum Halten der Masten und Stengen bestimmt waren, die straff gespannt sein mußten wie Wangen, Stagen und Pardunen, sollten gelabsalbt, frisch geteert werden. Achim hatte lieber mit dem laufenden Tauwerk zu tun. Alle sechs Monate mußte das Labsalben vollzogen werden, besonders in Passatgegenden, wo es zuverlässiges Wetter gibt.
Wie überall wurden auch auf der Raphaela den jüngeren Jahrgängen die unangenehmsten Aufgaben zugeordert. So das Einschmieren der Stagen, die von den Toppen der Masten und Stengen schräg nach vorne und nach unten führen. Teer war für die Takelage gegen den nagenden Einfluß der Witterungen nötig. Auf Achims Konto kam das ganze Vorgeschirr, das Hauptpensum. Mehrere Tage lang mußte er dabei in den Tauen hängen. Er saß auf einem Besenstiel und labsalbte. Könnte man sich doch auch so von Grund aus reinigen, all das Schwächliche, den Schmutz der Situation loswerden, ihn wegschrubben samt allem Seelengrind!
Er hatte nun nicht mehr den Irisbogen aus Wasserstaub vor sich, sondern den Eimer voll Teer, der seitwärts am Bootsmannsstuhl hing, und ein Büschel Werg, mit dem er schmierte. Den Stag konnte er mit seinen Händen gut

erreichen. Der kleine Putzeimer, Pütze genannt, war durch eine laufende Schleife an diesem Stag befestigt, und ein anderes Tau bildete eine Andeutung von Sitz, mit dem man allmählich hinuntergelassen wurde. Der „Bootsmannsstuhl“ war also nur eine ironische Bezeichnung für ein Etwas aus beweglichem Hanf, das sehr viel unbequemer war als der Liebeskorb, in dem der Minnesänger hinaufgezogen und hinuntergelassen wurde.

Er lebte nicht im Mittelalter, er lebte in der Neuzeit. Und hing da nun oben zwischen Wind und Wasser. Wie der Dieb am Galgen! Er mühte sich, diese gefährliche Schinderarbeit so gut wie möglich zu machen. Am Galgen und zugleich ein geschundener Schinder – das war die Situation. Der flüssige Teer verlangte volle Aufmerksamkeit. Es durfte keine Stelle bei dem zu schmierenden Gut ausgelassen werden. Solche Stellen nannte man, wenn sie doch einmal vorkamen, „Feiertage“. Sodann mußte man aufpassen, daß kein Teer auf das Deck verschüttet wurde. Der Bootsmann hatte dafür ein scharfes Auge. Es entging ihm kein noch so geringer Tropfen. „Schweizer!“ brüllte er hinauf und hielt dabei die Hände als Sprachrohr vor den Mund. „Was soll die Schweinerei? Willst du uns schwarze Fußsohlen machen?“

Nein, das wollte er nicht. Auf keinen Fall. Auch nicht, daß die zähen Patzen in die Kajüte hineingetragen wurden. Das fettige Schwarz brachte den Kapitän zur Weißglut. Also nochmals am Stag hinunterreiten und die Flecken abschaben und wieder hinauf. Hundert Fuß hoch in den Lüften an einem einzelnen Tau hängen und hier die fallenden Tropfen mit dem eignen Körper auffangen. Das war zünftiges Labsalben! Achim begriff hinterher, warum die Matrosen Teerjacken genannt wurden.

Am schlimmsten kam die eigne Haut weg. Das Putzmaterial bestand aus altem Fett, das der Koch vom Salzfleisch abschäumte. Man war eben sparsam, mußte es sein. Damit die Rahen an den Stengen gut auf- und niedergleiten, hieß es schmieren, schmieren, schmieren. Die Ätze fraß sich in die Hände, sie wurden dunkelbraun, es würde Wochen dauern, bis sie ihre natürliche Farbe wiederbekamen.

„Freuen Sie sich, daß Sie nicht heruntergefallen sind", tröstete Nowak. „Ich habe für Sie gebetet. Na, für diesmal ist das Schmierakel zu Ende."

Achim wußte, daß es noch einiges mit Nowak, der um ihn herumstrich, geben würde. Er wollte ihn nicht auf die eine oder andere Art, bewußt oder unbewußt, reizen. Als ihm Nowak helfen wollte, die Hände sauberzubekommen, sagte er nur kurz: „Danke. Ich werde allein damit fertig."

Zweimal war der Matrose in der Nacht zu ihm gekommen, hatte den Platz Heinrich Petersens eingenommen und jedesmal nach mehreren durchflüsterten Viertelstunden die Koje verlassen, in seine eigne zurückkehrend. Beim letzten Mal hatte er Fausthandschuhe angehabt und gesagt: „Das ist ein symbolischer Akt." Joachim verstand nicht, was das bedeuten sollte.

Nowak wußte viel, das war nicht zu leugnen. Er hatte ihm schon manches erklärt, was wichtig war. Nicht nur die Fachausdrücke der Seemannssprache, auch Griffe und Kniffe, zum Beispiel das Spleißen, das war das Zusammenfügen zweier Leinen ohne Knoten, wobei die Verbindungsstelle fast unsichtbar bleiben mußte. „Die Bruchstelle ist nicht schwächer als das übrige Tau", hatte er ihm eingeschärft, „aber die Leinen müssen richtig aufgedreht und ihre einzelnen Garne miteinander exakt verwickelt werden. Das ist eine Kunst! Und ebenso das

Stauen." Und er bereitete ihn darauf vor, daß der Kapitän sehr leicht gnadderig werden konnte. Das hatte Achim allerdings schon anfangs zu spüren bekommen. Man dürfe seine Bärbeißigkeit dem Kapitän nicht übelnehmen, denn Härte müsse sein, beschwichtigte der Matrose. „Im Ernstfall muß jeder Handgriff sitzen, wie im Schlaf, trotz Sturmanprall und glatten Planken bei schwerem Seegang. Sonst kann das Ziel nicht erreicht werden, sonst gehen alle drauf." Er redete sich in immer größere Begeisterung hinein, sprach von der Freiheit, die darin bestand, die Angst zu überwinden und in die schwindelerregende Höhe der Takelage hinaufzuklettern, wenn es notwendig war. „Ja, frei von Angst mußt du werden!"

Der Matrose duzte den Jungen wieder und hatte erreicht, daß auch dieser zu ihm du sagte. „Wir dürfen nämlich nicht auffallen, Joachim." Dabei war es doch üblich, daß die Lehrlinge den Matrosen gegenüber Respekt bezeugten; aber man hielt sie beide schon für ein Sonderpaar und sprach nicht weiter darüber. Achim war für die Matrosen ein entgleister Büchermensch, und dem ebenfalls nicht von der Küste stammenden Nowak hielten sie weniger den Bildungsfirnis als sein selbstbewußtes Auftreten zugute. Sollte das Pärchen doch miteinander so zurechtkommen, was scherte das die andern!

„Glaub mir, Jochen, ich bin kein Verbrecher. Du wirst noch erkennen, daß ich so was wie ein guter Kerl bin."

„Mag sein. Vielleicht das eine wie das andere", versuchte Achim zu scherzen. Es war ihm wieder unbehaglich zumute.

„Ijajaja!" rief da Ludwig aus.

„Was soll das heißen?"

„Das ist Eskimoisch. Man sagt auch: Ijajajaja – a je. Es bedeutet etwa Owehoweh, wie gut!"

Sie hatten beide Freiwache, und so mußte Achim standhalten, sich anhören, was ihm Nowak von seiner Iserlohner Zeit erzählte. Er war eben der Gefangene eines Gefangenen, eines Entlaufenen. Nicht daß Nowak in dieser Stadt eingesessen hätte, im Gegenteil: dort tat sich für ihn eine große Chance auf, und er fand, Achim müsse irgendwie daran teilhaben.

„Natürlich ist es theoretisch denkbar, daß ich meine zwölf oder auch nur sechs Monate absitze." Er unterbrach sich, und das Achim schon bekannte, ihm unheimliche Glimmen unter den blondbuschigen Brauen kam wieder hervor. „War das nicht, als wir an der Kimmung die Ufer von Madeira verpaßten und uns daher die Hose aus bestem Segeltuch verlorenging? Hab ich dir da nicht schon etwas davon erzählt? Mensch, das wäre was gewesen – dein linkes und mein rechtes Bein in so einer Prämienhose – zum Lachen, wie? Na, du bist ja immer der Ernst in Person. Aber hör jetzt weiter. Eine Verwandte von mir wohnt in Iserlohn. Eine schöne, eine verflucht schöne Stadt."

„Warum verflucht schön?"

„Es ist eine sinkende Stadt. Sie wird untergehen."

„Findest du das erfreulich?"

„Das nicht gerade, aber meine Tante wohnt eben dort, und für mich ergibt sich daraus eine einmalige Chance."

Der Junge tat ihm nicht den Gefallen, ihn zu fragen, welcher Art diese Chance wäre.

Ludwig Nowak strich sich über das glattrasierte Kinn, auf der Nasenwurzel kerbte sich eine tiefe Falte ein, und in die Augen kam etwas eindeutig Drohendes. „Schuld an allem haben die Sachverständigen und die verflixt geschäftstüchtigen Schlotbarone! Es handelt sich da um den Märkisch-Westfälischen Bergwerksverein. Es wurde so rücksichtslos gebohrt und gebuddelt. Zuerst merkte man es nur im Osten der Stadt. Einige Häuser legten sich schief. Dann ging es viel weiter westlich los. Zuerst die Schornsteine, dann die Mietshäuser, sogar eine Kirche machte da noch ihre Verbeugung. Und daraufhin gab's Alarm. Hörst du zu? Die Industrie ließ auf Galmei und Eisenstein schürfen. Es hieß, die Gutachter seien rechtzeitig bestochen worden. Vorausgesehen hat aber wohl niemand, daß sich der Boden muldenförmig einbiegen würde. Ach, Jo, das alles ist ein Glücksfall für mich."

Jo tat ihm wieder nicht den Gefallen, etwas zu fragen. Aber die Rede ging auch so weiter. „Meine Tante hängt sehr an dieser Stadt, möchte vor allem der katholischen Kirche dort die Treue halten. Der Turm steht noch fest, aber der Rand des Trichters, ich meine der Senke, schneidet schon quer das Längsschiff. Die Wohnhäuser sind meist aus Holzfachwerk, die Kirche aber hat massiven Bruchstein. Nun, die Tante wird noch etwas aushalten. Sie ist sich schon darüber klargeworden, daß sie die Angelegenheit in die Hände eines treuen und sachkundigen Verwandten geben muß. Der bin ich."

Nowak rieb sich begeistert seine beiden Knie mit den Fäusten. „Man redet von Planierung, denn die Häuser werden wahrscheinlich abgerissen werden. Das kann so drei, vier Jahre in Anspruch nehmen. Paßt doch prächtig, wie? Denn du kannst dir denken, daß es dicke Entschädigung geben muß. Die Tante hat Vertrauen zu mir. Die hält schon noch so lange durch. Hängt ja auch nicht nur an der Kirche und dem ihr so liebvertrauten Gottesdienst im alten Gebäude, hängt ja auch am Leben. Das ist nun der Grund, warum ich fröhlich bin, der Zukunft gewiß! Lustig, was: Der Grund ist, daß sich der Grund gesenkt hat! Und daß dadurch immer mehr Bewohner in eine schiefe Lage kamen. Ich aber werde dann saniert sein. Und was, mein Lieber, was fehlt dir hauptsächlich? Geld.

Auch Geld. Du brauchst Geld, um aus dieser fatalen Situation herauszukommen. Du kannst dann auf eine höhere Schule gehen und mußt nicht mehr mit dem Teerkübel am Schiffsgalgen baumeln. Na, was sagst du dazu?"
„Das sind Spekulationen. Ich kann damit nichts anfangen."
„Du wirst schon sehen", sagte Nowak, schlug Achim auf die Schulter und verließ mit wiegenden Seemannsschritten das Logis.

Achim begriff, daß ihn der andere nicht nur durch seine Mitwisserschaft, sondern auch durch sein Können, seine Lebenstüchtigkeit an sich binden wollte. Er aber wollte herausfinden, wie er ihn eines Tages gründlich und ein für allemal abschütteln könnte.
Es gab auf der Raphaela Waschgemeinschaften. Eine Schüssel für sechs oder acht Hände. Man mußte mit Wasch- und mit Trinkwasser sparen. Das war keine Überängstlichkeit, das war Vorsorge, Fürsorglichkeit. Die Kommandierenden hatten Erfahrung darin, sie wußten, daß eine Sturzsee den kostbaren Stoff gleich fässerweise vom Deck holen konnte, heim ins Element. Mit den Filtrierapparaten ging man geradezu knausrig um. Zehn, zwölf Jahre altes Reservewasser stand noch da, im kühlen unterseeischen Speicherraum. Dieses Wasser schmeckte gar nicht so schlecht. Es sah gelblich aus wie Wein. Vollmatrose Willemsen behauptete, es schmecke vorzüglich, wenn man Gloucesterkäse dazu konsumiere. Aber wer hatte schon Gloucesterkäse? Nur er selber: ein großes, altes Stück, an dem er dann und wann mit den Zähnen schabte. In besonders spendabler Laune gab er bisweilen einen Löffel heruntergeraspelten Pulvers ab.

Die See gehörte ihrem Schiff. Sie trafen kein Fahrzeug. Die Welt gehörte ihnen, auch wenn sie ihnen kein Leben bot. Das änderte sich eines Tages. Als sie die Kapverdischen Inseln passiert hatten, waren eines Morgens die Segel blaßrot gefärbt. Eine Schicht rötlichen Sandstaubes überzog das blendende Weiß. Anderntags war die ganze Oberfläche des Meeres, so weit man sehen konnte, dazu die Takelage und das Deck, mit gelbgrünlichen Heuschrecken bedeckt. Die ermatteten Tiere wurden haufenweise zusammengefegt, und die Bordschweine schmatzten sich hindurch wie durch Schlaraffenberge.
Dann kamen noch kleine, erschöpfte Landvögel und fühlten sich auf dem Holz des Schiffes schon gerettet, aber es fehlte an tauglichem Futter. Einhundertundfünfzig Meilen war der rötliche Staub hergeflogen. Die grünliche Masse der Heuschrecken, das bräunliche Flattervolk der Vögel waren auf der Flucht vor einem afrikanischen Sturm, der, abdrehend, alles dem Passatwind überlassen hatte.
„So freßt doch!“ rief man den Bordschweinen zu. Die aber grunzten unwillig angesichts der Massen dieses an sich für sie leckeren Futters. Im Kehricht, den man ins Wasser fegte, schwirrte es noch. Die massenhaften Flügler verdarben, waren kein wandernder Schrecken mehr. Sie hatten vergebens hinter all der Bläue des Meeres das Grün der Landstriche gesucht, um sie kahlzufressen und so zu verderben. Nun verdarben sie selber.
Um die Vögel war es den Männern leid. Es waren farbenfrohe Sänger darunter. Der Schiffsbesen machte auch vor ihnen nicht halt. Die Fische bekamen ein gutes Mahl. Es störten sie weder die hornigen Panzer der Heuschrecken, noch die Federn der Vogelwolke. Die Fische schnappten, schluckten und schlangen und wurden später selber verschlungen. Der Kleinere immer vom

Größeren, der Schwächere immer vom Stärkeren, der Unbewaffnete vom Angriffslustigen.
Die Einsamkeit war jetzt wieder ungeheuer, geradezu gespenstisch. Da konnte man schon ab und zu den Klabautermann sehen. Und wer war schließlich nicht abergläubisch, glaubte nicht an Spuk und Spukgestalten! Hätte es nicht das strenge Reglement gegeben, die sogenannte „Routine", dann wäre sicher eines Tages das Chaos auf dem Dreimaster ausgebrochen. Vielleicht sogar: Mann gegen Mann. So aber war auf die Stunde und Minute genau festgelegt, wann aufgestanden, gegessen und gearbeitet wurde. Das Sichwaschen, Anziehen, Verstauen hatte in dreißig Minuten erledigt zu sein. Tischdienst, Klardeckmachen, Kleidermusterung und so weiter. Alles immer wieder von vorn. Jede vierte Stunde war Wachablösung.
Gesungen wurde viel. Richtige Seemannslieder, wie man sie auch bei der Arbeit brauchen konnte, die Shanties. Nicht selten wurde auch getanzt, warum nicht? Mann mit Mann. Handfeste Spiele, die Achim nicht sehr mochte, wie das „Schinkenkloppen", sorgten für Abwechslung. Und das „Stropp-Spiel" war kein bayrisches Fingerhakeln; da mußte man schon Kräfte im Nacken haben, wenn man, auf den Schiffsplanken kniend, den Gegner, der das andere Ende des Seils um den Nacken hatte, über die Markierungslinie ziehen wollte. „Kopf hoch!" hieß es da. „Halt den Nacken steif!"

Jetzt aber kam ihnen ein Fahrzeug entgegen. Ein solches Treffen war immer ein frohes Ereignis, unterbrach es doch die Monotonie, brachte Grüße aus der Welt mit. Das Auf- und Niederziehen der Flaggen war mehr als ein höfliches Spiel. Bei guter Witterung fuhren die Schiffe so

nah aneinander vorbei, daß einige Worte hin- und hergerufen, verstanden und beantwortet werden konnten. Woher? Wohin? Geographische Länge?
Nun zeigte die Raphaela ihre Flagge, sie hatten etwa noch eine Meile Distanz. Merkwürdig, der Gruß wurde nicht erwidert. Das Schiff änderte seinen Kurs und hielt gerade auf Pay Andersens Bark zu. Als sein Rumpf aus dem Wasser hervorwuchs, erkannte man die sehr schlanken und scharfen Formen eines schwarz bemalten niedrigen Unterschiffes, die hängenden Masten mit den außerordentlich breiten Rahen. Die fremdartige Takelei war schon vorher aufgefallen. Eindeutig, es war eine Brigg, die auf Schnelligkeit gebaut war, ein Segler zwar, aber einer, der die Wasser wie ein wild angeheizter Dampfer schnitt. Das war kein gewöhnliches Kauffahrteischiff.
Diese Brigg da hatte eine verteufelte Ähnlichkeit mit einem von der Guineaküste abschnellenden Sklavenfahrer. Der Handel zwischen Westindien und Afrika war noch nicht völlig zum Erliegen gekommen, obschon die Engländer eine ganze Reihe Kreuzer gegen diese Schnellsegler eingesetzt hatten. Diese wären beleidigt gewesen, wenn man sie als Piratenschiffe bezeichnet hätte. Sie raubten doch nicht, sie trieben Handel! Einen Handel, der noch vor wenigen Jahrzehnten als völlig regulär, ja als ehrenwert gegolten hatte.
Manchmal schickten die Engländer einer solchen Brigg eines ihrer hochbewaffneten, für scharfen Kurs gezimmerten Segelschiffe hinterher. Aber sie mußten meistens wieder abdrehen, so stark bemannt und bewaffnet war das illegale Fahrzeug. Bemannt mit wüsten Gesellen, die zu allem entschlossen waren.
Piraten? Die sollte es noch geben? Nöö – i wo! Und doch geschah es immer wieder, daß ein Kauffahrteischiff spurlos in diesen Breiten verschwand.

Auf der Raphaela kam eine Spannung auf, aus der Irritation wurde Gewißheit, um so mehr, als der Kapitän mit seinem Fernrohr zuerst das Deck der Brigg dicht mit Menschen angefüllt gesehen hatte, Menschen in bunten Kleidern und solche in einheitlich graublauer Tracht; aber jetzt beim Näherkommen war keiner mehr da, nur der Mann am Ruder. Wie weggefegt die Buntgekleideten, die in graublaue Tracht Gewandeten. Jetzt brauchte man kein Fernrohr, um das Deck zu inspizieren, man war nah genug. 250 Schritt Entfernung, jetzt 170 Schritt Entfernung, doch noch keine Flagge. Aber zwischen Fock und Großmast, von einer Persenning verkleidet, eine schwere Kanone. Und beim Näherkommen der Brigg waren auch deutlich die metallnen Kreisschienen zu erkennen, auf denen sich das Geschütz drehen sollte, um nach beiden Seiten schießen zu können, wenn das notwendig war.

Der Mann am Ruder des völlig leeren Fahrzeugs trug eine netzartige rote Kopfbedeckung, wie man sie, das sagte der Kapitän, bei portugiesischen und spanischen Matrosen häufig findet. Nah hinter dem Heck der Raphaela segelte die Brigg vorüber, luvte zu ihrem alten Kurs auf und entfernte sich bei der strammen Brise so schnell, wie sie gekommen war.

„Der Patron hat uns bloß mal inspizieren wollen“, sagte Hinrichsen. „Das hätte leicht schiefgehen können.“

Achim starrte dem fremdartigen Fahrzeug nach. Der Horizont schluckte das Unterschiff, nur die Masten sah man noch eine Zeitlang.

„Jetzt kann ich's euch ja erzählen“ sagte der Bootsmann, indem er sich an die beieinander stehenden Schiffsjungen wandte. „Wir hätten mit unserm kleinen Geschützchen und dem Dutzend halbverrosteter Gewehre nichts machen können. Es ist noch nicht lange her, da haben sie genau in der Gegend hier ein Schiff auf den Grund

geschickt, nachdem vorher die Mannschaft gefesselt worden war. Einer ist davongekommen und hat es berichtet."
Der Obersteuermann wollte vorübergehen. Es zwang ihn aber, stehenzubleiben. „Was erzählen Sie hier, Hinrichsen?" Dann gab er jedoch selber zum besten, was es bedeutete, wenn man die gefangenen Männer „über die Planken marschieren" lasse. Das war keine gute Sache. Da wird ein Brett über die Verschanzung hinausgelegt, der Gefangene muß hinausklettern und wird dann wie ein Gegenstand ins Meer gekippt.
Sklavenhandel, was war das nur? Menschen rauben, Körper kaufen, Lebende besitzen, die Muskeln gehören einem, die Schultern, die Nieren, das Lachen und Weinen, sogar das Atmen. Und vor fünf Jahren hatte man die Pariser Weltausstellung zelebriert.
Achim wußte, daß er diese Stunde nie vergessen würde. In Ewigkeiten nicht.
Es war für ihn entschieden, daß er alles tun würde, um einmal die Macht zu haben, die Freigabe erbeuteter Menschen zu erzwingen. Er wußte nur noch nicht, ob als hoher Offizier der Marine oder als Verteidiger des Rechts, nein, als Bekämpfer des Unrechts. Also doch: Doktor der Gerechtigkeit. Ja, Vater, vielleicht. Vielleicht.
Hier konnte er zu keinem davon sprechen. Sie hätten wahrscheinlich gesagt: „Sind doch nur Farbige."
Er begann die Jahre zu zählen, die, die er verbraucht, vergeudet, ungenutzt verlebt hatte, und die Jahre, die noch vor ihm lagen, die mit Gewißheit Seemannsjahre sein würden. Der Kapitän wollte ihm allerdings theoretisch ein wenig Navigation beibringen, damit er dann eine Seemannsschule besuchen konnte. Nach vier Jahren würde er ein alter Junge sein, der älteste aller Schiffsjun-

gen. Nur, was konnte er in seiner Lage groß beschließen? Ändern ohnehin nichts. Ohne Geld ließ sich der Weg nicht abkürzen.
Geld aber bot ihm in ungewisser Form Ludwig Nowak. Einen Husch lang dachte er: „Ist doch gut!“, dann wieder sagte er sich mit aufbegehrendem Trotz: „Ich werde es auch so schaffen. Ich huste auf diesen Nowak. Es wird sich ein Weg finden, daß ich es auch ohne ihn schaffe!“

Er war gerade dabei, etwas an der Takelage der Großbramrah zu reparieren, saß in dem unter der Rah hängenden Tau, das man Pferd nannte. Das Schiff segelte vor dem Wind und rollte stark, so daß Achim dort oben immerfort einen Kreisbogen von 60 bis 70 Grad bei einem Radius von 35 Metern beschrieb. Und das, während es in seinem Kopf kreisrund ging.
Und so kam es, daß er nicht schnell genug reagierte. Bei dem Versuch, an Deck niederzuentern, war plötzlich das Rak, der Tauring gebrochen, der die Rah an der Stenge festhielt. Das windgeblähte Segel flog mit einem Ruck vorwärts. Achim verlor das Gleichgewicht, stürzte und wäre verloren gewesen, hätten ihn nicht zwanzig Fuß über dem Deck verschiedene Brassen und andere Taue, die sich dort waagerecht kreuzten, aufgefangen. So wie der Seilkünstler, wenn er mit dem Netz arbeitet, beim Sturz vor dem Zerschmettern bewahrt wird.
Noch lange danach, als sich Achim aus den Maschen mühsam befreit hatte und ziemlich lahm hinuntergelangt war, lief ein Zittern durch seinen Körper.
„Schweizer, Schweizer“, sagte der Bootsmann, „was hast du da wieder für dummes Zeug gemacht! Wann wirst du endlich lernen, daß an jeden Finger ein Angelhaken gehört, der mit dir eins werden muß? Wie oft hab ich dir das schon gesagt!“

Und ich werde doch nach oben gelangen. Und bin ich erst einmal oben, werde ich auch dort bleiben. Aber er sprach es nicht aus.

VII

„Er ist krank“, sagte sich Achim. „Seine Schlechtigkeit ist nicht die eines Menschen, der das Schlechte will.“

Es gab Augenblicke, in denen Ludwig Nowak so feinfühlig, so behutsam war, daß man ihm nur gut sein konnte. Er hielt Abstand und bemühte sich, Achim nicht zu bedrängen. Der aber wehrte sich: Er rückt mir auf die Haut – er will mich in seine Gewalt bekommen, und er täuscht mich nur mit seiner gelegentlichen Zurückhaltung!

Andererseits war er der einzige in der doch recht kruden Mannschaft, mit dem sich über manches reden ließ, ohne daß gleich dröhnendes Gelächter, Schulterklopfen und Schenkelklatschen die Reaktion gewesen wären.

Aber er verwirrte ihn mit seinen Rechtsbegriffen. Nicht nur, daß er sein Anderssein zu verteidigen wußte, er wollte Achim auch erklären, begreiflich machen, daß sein Verhalten als junger Mann Selma gegenüber ein Defekt gewesen sei, hart an der Grenze eines Delikts. „Ich bitte dich, Achim, so etwas muß man doch zu Ende tun! Du hast das arme Mädchen aufgeschreckt, hast ihr den Feuerhaken angesetzt und sie dann sich selber überlassen. Das tut kein Kavalier.“

„Wie meinst du das?“

„Soll ich es dir erklären?“

Schweigende Zustimmung des Jüngeren. Der war betroffen, wollte sich wehren, wurde zornig, und doch gierte etwas in ihm nach Wissen, nach Erfahrung, nach Erklärung.

Im Reinhartschen Hause war über so etwas nie gesprochen worden. Wenn er Geschwister gehabt hätte, dann wäre es vielleicht anders gewesen. Aber so. Und in der Schule? Nun ja, Biologie. Jedoch richtige Aufklärung?

Die war eine Sache des 17. und 18. Jahrhunderts mit Männern wie Kant und Rousseau, Locke und Hume, Spinoza und Leibniz, Descartes und Montesquieu, Mendelssohn und Nicolai. Erst Anfang des 19. Jahrhunderts konnte die Toleranzidee die Aufhebung der Sklaverei durchsetzen. Den Quäkern in Pennsylvanien war es zwar bereits 1715 gelungen, ihre Anhänger zu veranlassen, alle Sklaven freizugeben; im englischen Parlament wurde jedoch erst sechzig Jahre später der erste Antrag eingebracht, den Sklavenhandel zu verbieten. Und nochmals sechzig Jahre später erlangte England das Recht, alle Schiffe der Vertragsstaaten im Meeresraum um Afrika zu kontrollieren.
Die kleine Handbibliothek des Kapitäns war doch zu manchem gut. Und nett vom Kapitän, daß er hie und da ein Buch verlieh, natürlich mit dem entsprechenden Hinweis, es ja sorgsam zu behandeln.
Ludwig Nowak bemühte sich ehrlich und mit Takt, dem Jungen die Zusammenhänge und Vorgänge im Geschlechtsleben zu erklären. Trotzdem war es zuviel auf einmal für Achim, und ihm war danach ganz übel, direkt zum Kotzen. Seekrank war er nicht, beileibe nicht.
„Und ihr beide habt noch Glück miteinander gehabt“, überlegte Nowak. „Schau mal, bei mir war’s so, daß dieser Bursche zwar wie ein Engel aussah, sich nachher aber hundsgemein benommen hat. Er behauptete, ich hätte ihn verführt – aber du kannst es mir glauben, Achim – er war es. Und dann ging er natürlich wegen seiner Beziehungen frei aus.“
Nowaks nicht unedles Gesicht war von Trauer überschattet, und wäre Achim weniger mit sich, sondern mehr mit dem eben Gehörten beschäftigt gewesen, er hätte ihm seine Sympathie nicht ganz versagt, vielleicht sogar ein freundliches Wort für den andern übrig gehabt.

So aber klopfte er nur immer heftiger mit den Knöcheln der rechten Hand auf das Holz seines Klappstuhls, und Nowak begriff, daß es Zeit für ihn war, sich zu entfernen.

Es begannen die Tage böser Torkelei. Und daran war der Kapitän nicht unschuldig.
„Der hat Heimweh nach der Vergangenheit", sagte der Bootsmann, „Nostalgie nennt man das." Es wurde unter der Mannschaft viel darüber hin- und hergeredet. Seit den neueren hydrographischen und meteorologischen Forschungen passierte man den Äquator 180 bis 200 Meilen westlicher als früher, nämlich zwischen dem 30. und 31. Grad westlicher Länge. Das war ein großer, aber nutzbringender Umweg. Früher segelte man zwischen dem 17. und 18. Längengrad von Greenwich. Nun, hätte es Pay Andersen gehalten wie immer, wäre nicht „die alte Zeit in ihm aufgestanden". Vor dreißig Jahren war es seinem damaligen Kapitän gelungen, die alte Verkürzung ohne Schaden durchzuführen und dadurch eine Reihe von Tagen einzusparen. Damals war Pay Andersen Steuermann gewesen.
„Dafür können wir jetzt fast direkt aus einem Passat in den andern segeln", meinte der Bootsmann. „Das ist doch günstiger."
Etwas Draufgängerisches kam plötzlich beim Kapitän durch. „Es müßte doch noch einmal gelingen, sich durchzulavieren." Jetzt war der Kapitän sichtlich bemüht, spaßhaft zu wirken: „Aber nicht auf meine Verantwortung! Ihr müßt mir zu diesem Unternehmen Mann für Mann den Segen erteilen."
Das war nun so gar nicht seine Art zu reden, und alle wunderten sich darüber.
„Er will das Rad noch einmal zurückdrehen", sagte der Bootsmann zu Achim. „Weißt du, er denkt, er schafft es

und mogelt sich am Passat entlang. Du hast keine Ahnung, Schweizer, wie der seinen Kapitän verehrt hat."
Diese Navigation interessierte Achim. Der Kapitän gab ihm widerwillig, mit halb abgewandtem Gesicht Auskunft. Dazu war er ja laut Vertrag diesem Schiffsjungen gegenüber verpflichtet, es diente zur Vorbereitung auf die Seemannsschule.
Sie verloren den Nordostpassat auf einen Grad Nordbreite und fanden den Nordost auf zweieinhalb Grad Süd, aber die 50 Meilen wurden ihnen nun sehr sauer. Von Zeitersparnis konnte nicht mehr die Rede sein. Die Raphaela kroch, ständig geschüttelt, dahin unter Wolkenbrüchen und Gewitterbeschuß. Wie ruhig war es doch unter der gleichmäßigen Einwirkung des Nordostpassats gewesen! Sie hatten Rahen und Segel kaum anrühren müssen. Jetzt nahm das Brassen, das Bergen kein Ende. Jede Hand wurde gebraucht. In dem Geschüttel wäre ein halber Tag völliger Windstille erholsam gewesen. Sie waren ja einiges gewohnt, aber solch eine Torkelei! Es mußte alles blitzschnell gehen, sonst waren Stengen und Rahen plötzlich beim Teufel. Die eben erst gesetzten Segel mußten wieder fortgenommen werden. Die Matrosen sprangen wie die Affen.
Besonders hatten es die nächtlichen Böen in sich. Gerade war Totenstille gewesen, da fielen sie über die Bark her. Die nassen Segel schlugen mit gipshartem Klatschen gegen die Masten und waren gleich danach wieder schlaff. Der Untersteuermann ließ jetzt alle größeren Segel fortnehmen, die Marssegel herunterführen, ihre Flächen durch Ausholen der Refftaljen auf die Hälfte verkleinern. Dieses Manöver führten sie lautlos durch. Sonst war dabei das Singen obligatorisch, gehörte dazu.
Pay Andersen kam auf Deck. Er ging unruhig auf und ab. Jeder seiner Schritte bekam ein Echo, duff, kavernig,

hohl. Die Finsternis war für diese südlichen Breiten ganz ungewöhnlich.
Die beiden Bramsegel wurden noch gegeit. Der Kapitän gab Befehl, sie festzumachen. Achim wurde in den Großtopp hinaufgeschickt, während ein Leichtmatrose das Vorbramsegel beschlagen sollte. Es war sonst schon eine Schinderei für den Jungen, das große, trockne Segel allein zu bewältigen, und heute pfundete es die Nässe nur so herunter.
Und doch ging alles hurtig, fast mühelos. Die Leute der Wache standen bei der Kombüse zusammen, flüsterten miteinander, schauten sich bedeutsam an. Achim merkte die Blicke. Diese Aufmerksamkeit war ihm unangenehm.
„Hast du ihn gesehen, Joachim?“ fragte ihn jetzt der Bootsmann mit gedämpfter Stimme, fast feierlich.
„Wen?“ fragte Joachim.
„Heinrich Petersen“, lautete die Antwort.
„Heinrich?“
„Er war bei dir auf der Rahe und half das Segel festmachen. Allein hättest du es nicht geschafft.“
„Da ist er wieder!“ rief einer der Matrosen. Alle Blicke wandten sich hinauf. Achim glaubte, über dem Topp der Vorbramstange das Gesicht des Jungen von Föhr zu sehen, bläulich-heiter mit bräunlichen Sommersprossen. Doch war der Kopf mit keinem Körper verbunden, es sei denn mit dem des Leichtmatrosen Jensen, dem er jetzt direkt aus der linken Achsel hervorwuchs.
„Das ist ein schlechtes Zeichen“, flüsterte einer.
Der Segelmacher kam in vergnügter Stimmung herunter, pfiff sich sogar eins, wurde von allen angezischt, denn auf See habe man nicht zu pfeifen. Das ist streng verpönt, weil sich der wartende Wind so etwas nicht gefallen läßt. Jensen zog den Kopf ein. „Hast sie gut festgemacht“, näselte der Bootsmann.

„Mensch“, sagte Nowak nachher, „diese blaue bleiche Kugel, das ist doch nur Elektrizität.“
„Na und? Das haben wir schon in der Physikstunde gelernt“, entgegnete ihm Joachim.
„Ja, ja, du bist schlauer als die andern. Wir gehören zusammen, mein Guter. Ich nehme dich mit nach Iserlohn.“
Einige schwere Regentropfen begannen zu fallen. Härter als Hagel hörte es sich an. Irgend etwas rollte, kein Donner wie andere, ein dunkler, giftiger Krach, aus dem Schlund der Erde wie aus einem Schlauch herausgepreßt. Und jetzt die Schleusen, der Himmel als Ozean, nieder das alles, nieder die Ströme von Wasser. Fünf Minuten lang nur, doch es konnte nicht durch Speigatten und Sturzpforten ablaufen. Fausthoch stand es auf dem Deck, rutschte bei jeder Bewegung des Schiffes in breiter Platsche hin und her. Wo es eine Rille gab in den Wettermänteln, fanden die Wasserschübe hinein, auch in die hohen, fest umbundenen Stiefel.
Das Wetter tobte, dabei rührte sich kein Lüftchen. Nur senkrecht die Wasserschnüre des Himmels und das schräge Hin und Her der grellen Blitze. Mit einem Schlag hörte der Regen auf. Die Wolkendecke zerriß. Es war nur eine kleine Stelle, doch schon kam die Bö angebraust, warf sich auf die stille Fläche, rührte, peitschte, riß sie auf. Kein Blitz mehr, der Himmel dunkel, doch das vom Sturm erregte Meer sprühend, ein Feuermeer. Myriaden, die es bevölkerten, glänzten im Regen auf, phosphorische Wesen.
Das alles hier, dachte Joachim, ist schön. Aber sobald ich kann, werde ich aussteigen. Die Raphaela soll ohne mich nach Hamburg zurückkehren.
Die Bark zitterte und krachte in allen Nähten. Der Sturm kam jetzt von hinten, es standen grade nur die beiden

dichtgerefften Marssegel. Sonst wären die Masten über Bord gegangen. So aber geriet die Raphaela rasch in Schwung und flog platt vor dem Winde dahin. Die Flucht verminderte die Schnelligkeit des Sturms. Es war immer noch schlimm genug, aber bei solchen Böen, die in der Serie kommen, ist der erste Stoß auch der gefährlichste. Der Wind kam aus Norden. Die Raphaela setzte in direkter südlicher Richtung über das Wasser wie ein Segelschlitten auf der Eisfläche. Jeder wußte, daß der Kapitän jetzt froh war, auch wenn er es nicht zeigte.

„Wir sind doch ein Paar! Wir gehören zusammen", tuschelte Nowak. Sie standen jetzt öfter beisammen. Die andern hatten sich daran gewöhnt; Achim wollte nicht immer abwehren, wollte aber auch Distanz halten. Er spürte, wie in ihm alles erlosch, jedes Fünkchen von Sympathie, wenn es sich in Nowak entflammte. „Wir gehören zusammen. Wir sitzen in demselben Boot – kippe ich, kippst du."
Bald würden sie den Äquator passieren, das war aus den Berechnungen zu erkennen. Dort würde es die Taufe geben. Und Nowak revanchierte sich dafür, daß Achim seine Nähe duldete. Er schilderte, was da zu erwarten sei, wie er sich ein wenig schützen könne. Nicht nur mit Eifer, mit begeisterter Wut würden sie ihm Teer ins Gesicht schmieren und Fett dazu. Nowak verriet ihm auch, wie er die Haut mit der Zunge spannen müsse, wenn sie die abscheuliche Paste mit einem Rasiermesser aus Bandeisen wegschaben wollten. Und er kannte auch den Augenblick, in dem man ihm das Brett unterm Gesäß fortziehen würde, damit der Grünling in die Wassertonne falle.
Achim hatte es ihm zu verdanken, daß er nicht überrascht wurde, als es soweit war. Er kreischte nicht auf,

schüttelte sich kurz und brachte die andern um das Amüsement und die Genugtuung, ihm einen handfesten Taufschrecken beigebracht zu haben.
Wie richtete es Nowak nur immer ein, daß sie zu derselben Zeit Freiwache hatten? Freiwache, das bedeutete ja verschnaufen, bummeln, dösen; vor allem aber war die Freiwache identisch mit dem parzellierten Schlaf. Bis jetzt schien keiner gemerkt zu haben, daß Nowak des öfteren in Achims Koje huschte, auf den Platz Heinrichs. Die meisten hatten dann ihren tiefsten Schlaf und ließen sich nicht so leicht aufstören.
Manchmal wartete Achim geradezu dem unwillkommenen Gast entgegen. Einmal sagte er zu ihm: „Du wirst auch noch gesund werden."
„Wieso? Bin ich denn krank?"
Achim schwieg. Und der andere: „Mir sind nun einmal ein paar Dinge an Mädchen zuwider. Verstehst du? Der Bau und so. Der Entwurf behagt mir nicht."
„Das ist eben deine Krankheit."
„So?" fragte der andere beinah giftig zurück. „Krankheit nennst du das? Hast du schon mal richtig, in aller Ruhe, eine gute Männerbrust angeschaut? Dieser starke Flaum oder auch das wilde Gekräusel der Haare, das Beben der zarten Haut über den Rippen, erregt und erregend –."
Achim sah, wie der verstummte Mann loderte. Die Hände zu Fäusten ballend, rang Nowak nach Worten, drehte sich abrupt um und stürzte davon.

Darum also verachtete Nowak das Tätowieren. Daß ihn die Mehrzahl der Matrosen deswegen geringschätzte, dessen achtete er selber kaum. „Ich lauf doch nicht immer, wenn ich mich brausen lasse, mit einem Kleidungsstück herum! Und diese Malereien sind Kleidungsstücke."

Was der gute Matthes jetzt wohl machte? Der hatte andere Probleme. Sicher dachte er manchmal an Achim. Vielleicht gab es schon ein Mädchen in seinem Leben, trotz der Bäckerei, die einen ja zum Aufstehen in nachtschlafener Stunde zwang. Aber keiner würde den andern vergessen. Das zu wissen, tat gut. Es wurde ihm warm ums Herz.
Gewiß, er war in einem schwimmenden Gefängnis, aber zugleich doch in Sicherheit, solange er die Planken der Raphaela unter den Stiefeln hatte. Wenn er an Land gehen konnte, in Batavia, würde er sofort untertauchen, spurlos.
Er hoffte, daß sich in der kleinen Bibliothek des Kapitäns, die er ordnen sollte, etwas finden ließe, was ihm bei seinen Plänen hilfreich sein konnte, Orientierungshilfe, Beschreibungen von Ländern und Städten. Vor allem natürlich von Java.
Das, was er suchte, fand er nicht. Dafür aber anderes. In einem großen Buch lag ein Blatt, in schon recht runzelig gewordenes Seidenpapier eingeschlagen. Es war der Plan einer Hochseekorvette. Auf der Rückseite stand in kalligraphischer Schrift: Schulschiff „Amazone" für die Navigations-Hauptschule in Danzig, Stapellauf 24. 6. 1843 in Grabow bei Stettin, 12 achtzehnpfündige Kanonen, 6 Offiziere, 139 Mann. Fahrten: 1844 – Schwarzes Meer, 1845 Madeira – Genua, 1847 New York, 1852–53 Südamerika, November 1861 in Orkan südl. Nordsee verschollen mit Besatzung u. Seekadetten, 107 Mann.
Achim legte das Blatt behutsam wieder zwischen das zerknitterte Seidenpapier, strich darüber, gab beides in das Buch zurück, schloß die Kiste des Kapitäns, ein altes Stück, das Holz verschrammt, aber mit kunstvollen Messingbeschlägen, englische Handwerksarbeit.
Er ging an Deck. Er brauchte frische Luft. Die spie-

gelglatte See konnte seine Unruhe nicht dämpfen. Er ging in den Mannschaftsraum hinunter. Das Klatschen der Spielkarten störte ihn so sehr, daß er wieder nach oben ging. Er war ein Fremdkörper unter ihnen, ein fremder Körper. Das wußte er und spürten alle. Dabei war es eigentlich schon besser als zwischen der Biskaya und England.

Daß er sein Leben so verpfuscht hatte! Er war nur ein Schiffsjunge, der letzte von allen. Er schluchzte auf. Da war Ludwig Nowak neben ihm und sagte:

„Hast du denn nicht gehört? Das Futter ist fertig. Los, du mußt schon längst beim Backschaften sein!"

Kein gutes Essen jetzt. Sie saßen, aßen, kauten, verdauten. Holzig war das Fleisch vom langen Liegen im Pökel, die Tropenbutter aufgeweicht, rinnend. „Noch nie", schimpfte einer, „noch nie ist der Schiffszwieback so miefig gewesen!" „Recht hast du, aber was sollen wir machen?" Nachher sangen sie ein altes Seemannslied. Man holte wieder die abgegriffenen Spielkarten hervor und klatschte sie mit doppelter Wucht, den Stau abreagierend, auf den Tisch.

Ein Schiff hatte ihren Kurs gekreuzt, ein Schiff mit niedriger Saling, altmodischer noch als die eigne Bark, bullig im Bau: ein Engländer. Die andern sagten es so. Achim hatte es verschlafen. Am Tag zuvor war er in den Rahen herumgeklettert, und auf einmal hatten seine tastenden Sohlen alles begriffen. Es war, als hätte sich ein Verschluß in ihm gelöst. Von dem Moment an hatten seine Kletterkünste sprunghaft zugenommen. Der Schiffsjunge beginnt ja seine Laufbahn als ein „altes Weib". Wer etwas auf sich hält, wer sich vom bibbernden Schiffsjungen zum fixen Seemann aufschwingt, der wird in den Püttingswanten herumklettern wie eine Fliege an

der Decke. Das sind die Taue, die die Ränder der Mars schräg nach unten halten – außen herum in der Mars, wo man doch viel bequemer die grade Richtung hätte nehmen können, denn durch das „Soldatenloch“ war es möglich, bis dorthin zu kriechen. Der „fixe“ Kerl geht nicht auf den Pferden der Rahe hinaus, wobei er sich mit den Händen festzuhalten sucht, nein, wie ein Seiltänzer läuft er oben auf den Rahen, obschon doch der leiseste Fehltritt den Sturz bedeutet. Er verschmäht die Strickleitern in den Wanten, er rutscht an den Pardunen hinab. Er, Achim, kann das jetzt auch wie im Schlaf.
„Schweizer, ich warne dich!“ hatte der Bootsmann gescholten und dennoch ein Schmunzeln hinter der verwetterten Lippe nicht verbergen können.

Ob der Vater, trotz allem, auf ihn jetzt ein wenig stolz wäre? Vielleicht doch ein bißchen. Einmal wurde er von ihm mit schraubstockfesten Händen auf dem Schaukelbrett festgebunden, so daß er sich, obwohl damals kaum dreijährig, heute noch ganz klar daran erinnern kann, wie er nur den Wunsch gehabt hatte, seine Zähne in eins der Handgelenke zu schlagen, sich zu verbeißen, um freizukommen.
Hier, im zittrigen, federnden Gestänge wog alles anders. Auch die Erinnerung an den nicht nur despotischen, sondern oft sehr väterlichen Vater.
Jetzt sah er ihn vor sich, wie er im Kreis der Familie und der höheren Angestellten lange Passagen aus einem Brief oder einem Tagebuch vorlas. Es war ein Bericht von der Belagerung der Stadt Straßburg. Der Sohn eines Geschäftsfreundes, Gustav mit Rufnamen, Börner war der Vatername, hatte ihn, kaum vierzehnjährig, geschrieben. Er war wohl über seine Jahre hinaus gereift, hatte früh die Mutter verloren, mußte die Schuljahre in einem

Internat verbringen. Achim würde nie das Zitat vergessen, mit dem der Bericht anfing:
Gestern war ein schlimmer Tag. Die Leute riefen in zwei Sprachen: „'s Theater brennt! 's Theater brennt! Le théâtre brûle! Le théâtre brûle!"
Und dann berichtete der junge Straßburger Gustav, daß die Preußen eigentlich die ganz in der Nähe liegende Kanonengießerei hatten treffen wollen. Und weil sie glaubten, die Gießerei brenne, feuerten sie nun immer auf denselben Zielraum. Im Kettenwurf. Die französischen Kanonen waren ausgefallen. Kein schönes Schauspiel, schon gar kein lustiges, das sich da den Schaulustigen geboten hatte, hinter den Häusertrümmern am Bröggli. Und den Tag zuvor hatte es das Versorgungshaus der Diakonissenanstalt getroffen, wo Gustavs Großvater untergebracht war. Betagt, aber doch noch soweit bei Kräften, daß er ein wenig den Kranken und dem Personal behilflich sein konnte. So setzte er sich in der Nacht mal an dieses, mal an jenes Bett, Zuspruch gebend, Erleichterung schaffend. Am Morgen machte er auf dem Sofa ein Nickerchen, um das Schlafdefizit ein bißchen auszugleichen. Da platzte eine Granate in den Hof, zerschmetterte den Kamin, und ein großer Eisensplitter durchschlug das Fenster in der Stube, fiel direkt auf das Sofa, auf das Kopfkissen. Der Großvater war sofort tot.
Und Gustav Börner – diesen Satz hatte Achim genau im Gedächtnis behalten – fügte hinzu:
„Der Vater im Himmel hat es gut mit ihm gemeint."
Man merkte, daß Balthasar Reinhart alles mit großer Teilnahme in sich aufnahm und an die Hörenden weitergeben wollte. Er holte sein Taschentuch heraus und schneuzte sich. Achim war damals aufgefallen, wie rot sein Gesicht geworden war, bis über den Haaransatz hinaus, die Ohren, alles rot, fast ins Bläuliche schim-

mernd. Und dann las der Vater weiter vor, daß auch der Vater Gustavs zu Tode gekommen sei. Der Kaufmann Bruno Börner wollte nachschauen, ob es sein Geschäft, den Speicher oder die Kontore getroffen hätte. Da traf es ihn selber, in den Nacken, die Nieren, riß die ganze Hinterseite des Körpers auf. Seine letzten Worte waren: „C'est la guerre. Que voulez-vous?"
Der Brief hatte keine Bitte enthalten, nur indirekt von großer Herzensnot berichtet.

Ob der Kaufmann Balthasar Reinhart, der Zahlenmensch, der Willensbolzen, die vielen Übelstände des Krieges mit dem Wohlstand, den er für die Siegreichen brachte, gegeneinander abzuwiegen imstande war? Oder überstieg das seine Möglichkeiten?
Vielleicht habe ich ihm Unrecht getan. Ich kann ihm auch heute noch nicht gerecht werden, dachte Joachim.
Vor das Bild des Vaters schob sich ein anderes, das der Kindheitsgespielin, der Nachbarstochter – Selmas. Sie saßen beide auf dem alten aristokratischen, doch schon etwas stechenden Sofa nebeneinander. Selma wollte von Achim lernen, wie man ein Rauchbild anfertigte. Sie hatte sich als so gelehrig erwiesen, daß er ganz entzückt war. Und die Fahrt mit dem Landauer, vorne der Kutscher und die neue Wirtschafterin, Achim mit Selma im Fond. Es war eine kichrige Verlegenheit entstanden, denn Selmas Kleid hatte sich nicht nur im Saum gelöst, sondern beim Herunterspringen von einem Baum hatte ein widerspenstiger Ast auch noch kniehoch den Stoff aufgerissen. Die neue Wirtschafterin wußte die Verlegenheit zu dämpfen, nachdem sie das Mißgeschick bemerkt hatte; sie zog aus ihrem Portemonnaie zwei große Sicherheitsnadeln hervor. „Ja, ja: No lady without safety-pin!" Alles löste sich in Neckerei, in Gelächter auf.

Es war der übermütigste Tag jenes Jahres.
Ach, könnte er sie doch irgendwie verständigen, sie wissen lassen, daß er sie nicht vergessen habe! Daß sie auf ihn warten solle, er würde so bald wie möglich zurückkommen nach Lüdenfeld. Aber wann könnte das frühestens sein? Sollte er mit Nowak darüber sprechen? Dessen Antwort wußte er schon im voraus: „Frühestens in zehn Jahren." Und: „Du mußt mit mir nach Iserlohn. Klarer Fall. Ich kaufe dir einen neuen Paß. Laß die Geschichte ruhen, gönn deinem Vater den Frieden."

Schweratmend sprang er auf, stürzte aus der Koje. Es war, als ob er einen Faustkampf mit einem Schattengegner unternehmen wolle.
„Man muß doch etwas tun", stöhnte er. „Man muß sich verteidigen! Man darf dieses Leben nicht so akzeptieren!"
Und er brüllte: „Nein!"
Erstaunt hoben einige die Köpfe, flüsterten, wollten ihn mit Wasser, mit dieser lauen Brühe, anschütten. „Laßt mich in Ruhe!" schrie er.
„Der hat den Hitzekoller", sagten sie nur.
Er legte sich wieder hin. Alles war lustlos. Die Raphaela lag da, rührte sich kaum. Das bißchen Auf und Ab!
Sie waren zwei, drei Meilen überm Gebiet des Südostpassats. Kein kühlender Hauch einer Brise, kein Streifen am Horizont, wenn man noch so sehr von den Toppen ausschaute. Eine Geduldsprobe das alles. Sie kratzten mit den Nägeln am Mast, um den Wind, wie sie sagten, heranzukitzeln. Aber es nützte nichts.
Sie wußten, jetzt bekamen sie den „Roten Hund". Schon zeigt er sich auf der Haut der Männer und Burschen. Sie hüllen sich ein, aber bei vielen ist es zu spät dafür, es zieht schon Blasen.
Die Muskeln sind stumpf. Was für eine abscheuliche

Vorstellung, die Bramrah hinaufzumüssen! Achims Pulse flogen. Er selber kroch nur in die Höhe. Hinter ihm aber höhnte es:
„Kommst nicht von der Stelle? Dich hat wohl der Jan Looi gepackt!“ Das mochte stimmen. Jan Looi war der Herr aller Mattigkeiten, nicht nur der Urheber der Faulheit. Dagegen konnte nur der Rasmus helfen, das aufgewühlte Meer, die See im Griff des Sturms. Sie vervielfältigte alle Kräfte. Aber nichts da von Rasmus! Die See lag still. Er kam schon hinauf, wozu diese Anpeitscherei? Eile mit Weile, Hitze kontra Hetze.
Er lag allein in der Koje. Er hatte nur ein wenig Roten Hund erwischt. Sieben, acht Männer waren auf Freiwache, dösten vor sich hin. Nur einer schlief – wie eine angestellte Dampfsäge.
Wohin er schaute, wohin er lauschte, wo er hinroch, überall das Vielzuviel des Männlichen. Und aus keinem Hafen einen Gruß an sie schreiben können, an sie, die vielleicht doch auf ihn wartete.
„Halt sie dir warm, die Holde“, hatte der vielsemestrige passionierte Schnepfenjäger Hubert ihm zugeraunt, war wohl selbst ein bißchen angeheizt von der Kühle überm Feuer dieses jungen Mädchens. Seines Mädchens. Seiner künftigen Frau. Sie sollte es werden. Wenn sie es wollte.
„Wirst sie heiraten, Jungchen?“ hatte Onkel Edmund ihn gefragt und dabei, was schelmisch wirken sollte, das linke Auge zugedrückt. „Oder wird sie dich heiraten?“ Und dann hatte er noch gesagt: „Du kannst mit dem Magnet einen Eisensplitter herausziehen, nicht aber einen aus Messing.“
Der gute Losverkäufer hatte viele Sprüche auf Lager.
„Glaub mir, Jo, der Mensch will nicht ein edles Schwein, sondern ein fettes Schwein.“ Was sollte er ihm darauf erwidern? Es war wohl als Schützenhilfe gemeint. Den

Anlaß wußte Joachim nicht mehr, nur, daß er Sehnsucht hatte, eine wilde, brennende Sehnsucht nach einem Menschen, mit dem er sprechen konnte, der ihm all das Wirre lösen half.

Er war nicht besser als Nowak, das wußte er jetzt. Der hatte recht gehabt. Da war manches verdrängt gewesen. Aber dankbar konnte er ihm dafür nicht sein, daß er Versunkenes aufgerührt, gleichsam mit der Harpune angestochen, immer wieder danach fragend, alles heraufgezogen hatte.

„Das ist ja nur menschlich", war seine Beschwichtigung gewesen. Alles fragte er aus ihm heraus. Achim mußte den Druck loswerden. Also gab er es zu.

„Wie hieß der Bursche?"

„Kiatkowski."

„Und der war so alt wie du?"

„Ungefähr."

„In welcher Stunde war das?"

„In der Lateinstunde."

„Nu Mensch, erzähl doch! Laß doch nicht alles aus dir herausquetschen!"

„Wir hatten eine besonders schwere Aufgabe bekommen – über die Kämpfe zwischen den Usipetern und Tankterern. Es hing ziemlich viel davon ab."

„Und ihr schafftet es beide nicht?"

„Mein Kopf war an dem Tag so schwer. Das gibt es doch, Nowak. Was soll das Gefrage?"

„Aber du antwortest nicht ungern, wie?"

Beim nächsten Sturm, dachte Joachim, beim nächsten Sturm – es kann doch gar nicht so schwer sein – ein kurzer, aber kräftiger Stoß mit beiden Händen . . .

„Mit beiden Händen?" fragte Nowak. „Über Kreuz, nicht wahr?"

Er, der doch Jurisprudenz hatte studieren wollen – oder sollen –, er mußte sich von einem Ludwig Nowak belehren lassen, wo die Anständigkeit aufhörte und die Strafwürdigkeit begann. Er wäre ihm am liebsten in das glattrasierte, nach Mandelseife duftende Gesicht gefahren und hätte es ihm zerkratzt – wenn das möglich gewesen wäre.

Keiner sagte dem Kapitän, was für eine Dummheit er begangen hatte, als er auf die kürzere Route eingeschwenkt war. Jeder verstand, daß er jene fabelhafte einmalige Fahrt wiederholen wollte, bei der zwölf Tage, fast dreizehn eingespart werden konnten. Er war ein Kapitän mit allerlei Kenntnissen und Meriten. Zwar wäre niemand auf den Einfall gekommen, Pay Andersen einen gebildeten Mann zu nennen, aber er wußte viel, hatte Erfahrung und würde noch lange die Bark kommandieren, wenn sie durchhielt. Nur daß er sich eben manchmal irrte.

So jetzt mit den grauen Felsen.

VIII

Pay Andersen hatte scharfe Augen, er kombinierte schnell, traf seine Entscheidungen ohne viel Wenn und Aber. Er war dreimal so „vollbefahren“ wie die meisten seiner Kollegen. Daß er sich mal vertan, verrechnet hatte, das wog nicht schwer bei der Mannschaft, aber Achims Verhältnis zum Kapitän wurde dadurch gestört.

Achim stand auf Freiwache vorne im Schiff. Der Bug schnitt kaum ein. Raphaela, die große Wasserschnecke, schlich nur so weiter. Achim hätte die Fahrt anpeitschen mögen. Wenn er dieses ganze Desaster hinter sich gebracht haben würde, käme er als alter Mann mit roten Augen und grauem Bart heim. Und was, was würde ihn dort erwarten? Er schluckte, konnte seiner Verzweiflung kaum noch Herr werden. Da legte sich ein Arm um ihn. Er brauchte nicht erst hinzusehen.
„Laß mich.“
„Du hast es doch nicht gewollt“, sagte der Matrose.
„Ich habe ihn gemordet.“
„Getötet ja – nicht gemordet.“
„Was weißt du, Nowak“, antwortete der Junge, hinter sich sprechend.
„Du bist sozusagen mit der Reling durchgekracht. Das lag am Holz. Das soll dich nicht übermäßig bekümmern.“
Achim drehte den Kopf zu Nowak um. Sie sahen sich schweigend in die Augen. Es glitzerte warm in dem sonst so kühlen Blick des Vollmatrosen.
„Nein“, sagte Achim, „nein“, und er wich ein paar Schritte zurück.
Bootsmann Hinrichsen kam auf ihn zu, winkte mit den Brauen und dem Kinn. Das ausgetrocknete Holz knarrte

unter ihren Schritten, als sie sich auf Pay Andersen zubewegten.
In diesem Augenblick rief ein in der Takelage arbeitender Matrose: „Brandung voraus! Zwei Strich an Steuerbord!"
Pay Andersen holte mit dem Fernrohr eine Stelle heran, die etwa zwei Meilen entfernt war. „Unbegreiflich", sagte er kopfschüttelnd. „Auf hundert Meilen in der Runde zeigen die Karten nirgends eine Gefahr. Wie oft bin ich hier durchgekommen! Nie habe ich davon gehört, daß hier Klippen sind."
Ja, es waren fünf oder sechs dunkle Felsen, die aus der Fläche emporragten, und die Brandung spritzte daran hoch. Der Bootsmann ließ sich das Fernglas geben und sagte ruhig, mit einem leichten Vibrieren in der Stimme: „Herr Kapitän, das sind weder Klippen, noch ist es Brandung."
„So?" fragte Andersen pikiert. „Was soll es denn sonst sein?"
„Das sind Wale", erwiderte Hinrichsen. „Was Sie für Klippen ansehen, Herr Kapitän, sind Flossen und Schwänze. Sie schlagen damit aufs Wasser. Das ist die Brandung."
Der Kapitän zog ungläubig die Brauen hoch. Aber nicht er, sondern der Bootsmann hatte jahrzehntelang in allen Weltteilen Wale harpuniert. „Meinen Sie?" fragte er unsicher.
Der Bootsmann sprach ganz milde weiter, hatte so gar nichts von einem Waljäger: „Eine ganze Schule ist dort. Wir werden es bald genauer sehen, auch ohne Glas. Die mächtige Flosse in der Mitte, das ist der alte Schulmeister mit der Herde von Weibchen."
Mehr und mehr Matrosen hatten sich um die Kommandobrücke versammelt.
„Da schwimmt die Natur", flüsterte Nowak zu Achim.

„Da schwimmt die Natur“, wiederholte er und krallte die Hand in den Oberarm des Jungen.
„Ein Jammer, daß wir keine Leinen haben.“ Jetzt war die Stimme des Bootsmannes Hinrichsen schon lebhafter. „Was könnten wir für einen Fang machen! Zehntausend Piepen und mehr. Sie sind lustig, sie lassen einen auf achtzehn Schritte heran, ohne daß sie es merken. Da – jetzt bläst der Bulle. Was für ein Kerl muß das sein! Der ist seine zwanzig Meter lang.“ Und dann in voller Ekstase: „Mensch, Kapitän, wenn wir so einen Bullen kriegen könnten!“ Gleich aber fügte er hinzu: „Allerdings würde der aus unserer Raphaela Kleinholz machen.“
Der Dampf stieg aus dem Blasloch des Tieres, breit wie eine Litfaßsäule. Die Sonne begann darin einen Regenbogen zu malen, in den prächtigsten Farben. Jetzt, als hätte eine Alarmglocke angeschlagen, verschwand die Herde vom Wasserspiegel. Nur noch acht oder neun Schwänze ragten aus dem Wasser.
„Sie kommen wieder auf“, sagte der Bootsmann, als von dem kolossalen Reigen nicht eine Hautschuppe mehr zu sehen war. „Wir werden sie bald in der Nähe haben. Der Wal steigt immer in der entgegengesetzten Richtung wieder hoch. Die Schule macht Pause.“ „Hinrichsen, der versteht was davon“, sagte einer.
Die Männer blickten bald auf den Bootsmann, bald auf die Stelle, wo zuletzt die Schwänze verschwunden waren. „Hoffentlich bekommen wir sie zu sehen“, sagte Willemsen, mit den Achseln eigentümlich hin- und herrutschend, als ob ihn seine Rückentätowierung jucke.
Die Raphaela schlich weiter. Eine Viertelstunde verging. Da hörten – sahen – rochen sie die ganze Herde. Der Strahl des Leitwals war hochgezischt, kaum 300 Schritte von der Bark entfernt.

Der Kapitän lief, allen voran, nach oben in die Takelage. Er brauchte nicht zu kommandieren. Die Männer verteilten sich im Tauwerk, saßen und standen bereit wie zu einer Theatervorstellung. Joachim schaffte es, beim Bootsmann zu bleiben, und sie saßen jetzt dicht nebeneinander auf der Vormarsrahe.

Die Walfische konnte man so deutlich sehen, als lägen sie da, nur durch ein horizontales Schaufenster geschieden. Achim sah den mächtigen Kopf mit dem Einschnitt des Rachens, das Gebläse. Jede Flosse war einzeln zu erkennen. Sogar der Muschelklumpen, der sich auf dem ungeschlachten Rücken angesetzt hatte, und beim Weibchen das Euter. Sie bewegten sich eng beieinander, waren wie ein großer Spielkörper, hoben und drehten sich.

Der Bulle war noch viel länger, als ihn der Bootsmann geschätzt hatte. Die Weibchen erschienen weniger groß, aber Kolosse waren auch sie. Alle drückten sich aneinander und umeinander, der Bulle auf dem linken Flügel, etwas schräg vorgeschoben, als wolle er seine Tiere gegen eine Bedrohung decken. Flossen und Schwänze regten sich jetzt nur noch sacht. Wenn sich eins der Weibchen, ein bewegliches Ungetüm, wieder ein wenig auf die Seite legte, blitzte jedesmal ein Stück des weißen Bauches herüber.

„Ich sage dir, Schweizer, da ist etwas unklar“, meinte Hinrichsen. „Es ist nicht die Manier der Wale, so auf einem Fleck zu sitzen. Das habe ich noch nie gesehen.“

„Ob sie sich vor dem Schiff ängstigen?“

„Gott bewahre! Vor Schiffen haben die keine Angst. Material macht ihnen nichts. Die Zähne sind es, die Gitterzähne der Schwertfische. Nun sieh dir einmal an, was der Bulle da macht!“

Das Tier flog in seiner Schräglage nach links, fast um einen Viertelkreis herum und etwa dreißig Meter voraus, gegen die Raphaela hin, so daß ihn alle noch deutlicher sehen konnten als bisher. Gleichzeitig hoben sich wieder die Schwänze der Walkühe in die Luft. Sie schlugen das Wasser, daß es mit klatschenden Lauten hoch auffuhr, während sie selber wie Perpendikel in die Tiefe schossen, nur den Gischt zurücklassend.

„Das ist kein Spiel mehr, Jochen, das ist bitterer Ernst“, rief Bootsmann Hinrichsen. „Es muß ein Feind in der Nähe sein.“ Und gleich darauf. „Da ist er!“ Achim schaute in die Richtung, die ihm Hinrichsens Hand wies. Ja, da war der Feind. Nicht einer, sondern sechs. Die Fische mit der rasenden Stoßwaffe, jeder nur viereinhalb bis fünf Meter lang, aber durch ihre Manövrierfähigkeit jedem viermal so großen Gegner von vornherein überlegen. Die Schwertfische kamen unter den Beibooten hervorgeschossen, auf den Walbullen zu, der sie anscheinend erwartete. Schon teilten sie sich; nur noch zwei behielten die Fahrtrichtung, die andern bogen nach rechts ab, die fliehenden Kühe verfolgend. Ein Walkalb war nicht dabei, trotzdem spürte man die große Erregung der Herde.

Die beiden Schwertfische, wohl die Elite, kurvten immer weiter, in unberechenbarem Kurs, zielten jetzt anscheinend auf die Flanke des Bullen. Der aber drehte sich blitzschnell, diesmal nach rechts. Der Kopf des Giganten senkte sich, und mit dem Schwanz führte er nah an der oberen Fläche des Wassers einen zermalmenden Schlag. Achim zitterte vor Erregung.

Es war nicht zu erkennen, ob die andern Schwertfische die Herde eingeholt hatten. Einer der beiden Angreifer lag jedenfalls jetzt auf der Seite, bewegte nur noch die Flossen und wollte langsam seitwärts in die Tiefe abstreichen. Der zweite versuchte ihn zu decken, wieder ging es Schwert gegen Schwanz. Dann war auch er verschwunden, schwamm links ab. Der Walroßriese aber stand regungslos im Wasser und war der Bark so nahe gekommen, daß man mit einem Senkblei seinen Rücken hätte streifen können.

Der Wasserbulle begann zu blasen. Es war ein scharfer Posaunenton, tief und hoch zugleich, Anklage und Triumph darin, aber auch schwirrende Sorge um den Zug der Weibchen.

Alle hatten schweigend zugesehen. Jetzt kam es von Toppen und Rahen: „Bravo! Bravo!" „Er hat gesiegt!" „Der Bulle hat gesiegt!"

Er schien es zu verstehen, drehte den Kopf ein wenig benommen nach den Männern auf dem Schiff, blieb jedoch auf der Stelle. Sein kolossaler Rücken ragte einige Fuß aus dem Wasser heraus.

„Er will die fünf, die übrig sind, an sich locken", erklärte der Bootsmann. „Sie sollen von den Weibern weg und versuchen, ihn gemeinsam fertigzumachen. Dabei will er sie dann so erwischen, daß die Kühe gerettet sind."

Achim empfand: dieses Walherz ist tapfer. Ja, es ist ein ritterlicher Koloß.

Wieder ein Strahl und leises Zischen.

Die Raphaela wiegte sich lautlos hin und her, nur ein paar Handbreit auf und ab.

„Bloß nicht voreilig!" mahnte Hinrichsen. „Die Sache ist noch nicht zu Ende. Wie der alte Magister da den Kopf dreht und nach allen Seiten ausguckt."

Jetzt mußten die Schwerttiere herangekommen sein, man sah sie nicht, sie waren tief weggetaucht, aber nun herangekommen. Denn der Wal schoß mit seinem ganzen Gewicht hoch aus dem Wasser, so daß sich der Bauch über der Oberfläche befand. Er wollte auf die unter ihm schnellenden, weniger gewichtigen Feinde einen sie überwältigenden Eindruck machen und schlug mit donnerartigem Geklatsch in sein Element zurück. Jetzt sah man drei Schwertfische parallel nebeneinander unter dem Wal hervorschießen und im Schaum verschwinden. Der Bulle hatte keine Zeit mehr gehabt, auch nur einen von ihnen mit dem Schwanz auf- oder anzuknacken. Doch hatten die Angreifer ebenfalls den Zweck des Manövers verfehlt.

Der zweite Gang des leidenschaftlichen Kampfes war beendet.

Wieder gab es allgemeines Bravo! und Hurra! für den Wal.

„Das ist Maßarbeit", sagte Nowak.

Der Bootsmann schüttelte den Kopf. „Verloren ist er doch. Das sind drei, die den einen torpedieren wollen; die beiden andern werden auch noch zurückkommen, und dann muß der Dicke dran glauben." Und er fügte halblaut hinzu: „Der schöne Tran!"

Da gab es auch schon einen neuen riesigen Luftsprung des großen Tieres. Schwertfische waren nicht mehr zu sehen, nur noch Schwanzschläge zu erkennen. Die lebenden Torpedos blieben unter Wasser oder ganz im Schaumbad. Es war eine wilde Jagd im Kreise, bald unmittelbar beim Schiff, bald drei-, vierhundert Meter und mehr davon entfernt. Dann und wann blitzte ein Schwert auf. Doch schwammen sie sehr viel tiefer als der Wal, immer darauf bedacht, die gefährdetste Stelle unterhalb der Bauchflossen anzustechen. Rasende Sprünge in die Luft, wuchtige Hiebe mit dem Schwanz nach allen Seiten. Das Wasser wurde undurchsichtig, trüb von all den wilden Bewegungen im Kampf auf Leben und Tod. Denn soweit war es nun schon.

Jetzt fuhr eins der Schwerter senkrecht hoch. Der Fisch ragte anderthalb Sekunden lang bis zur vollen Körperhöhe über dem Wasser. Um Haaresbreite dem mörderi-

schen Walschwanz entwischt, kurvte er sofort wieder ins Tiefe, ständig seinen Kurs wechselnd.
Achim hielt sich krampfhaft in den Stricken fest. Er meinte, er müßte hinzu-, hineinspringen, das Zünglein an der Waage sein.

Atemlos blickte die Mannschaft dem Schauspiel zu. Ohne Worte, aber der Kampfeslärm war so stark, daß kein menschlicher Laut ihn durchdrungen hätte. Jetzt wieder der mächtige Posaunenton von vorhin. Übermenschlich, außermenschlich diese Anklage, dieser Siegeston – nein: es war Klage, höchste Klage. Aus dem Trompetenloch stieg die Säule in die Lüfte, trockner Dunst, und diesmal spiegelte die Sonne keinen Regenbogen darin hervor. Der Dunst war nicht mehr trocken, sondern mit blutigen Sprengseln gemischt. Sie mußten ihn getroffen haben, in die Weiche des Bauchs. Er raste im Kreis herum, wollte sie noch einmal mit dem Anblick seiner Kraft überwältigen, zu Abstand und Verzicht bewegen. Bis zur halben Höhe stand er schräg aus dem Wasser, peitschte und peitschte, wuchtiger jetzt, jetzt weniger wuchtig.
„Leviathan", murmelte der Kapitän mit verzücktem Gesicht, die Oberlippe gerafft.
Jetzt tat der Bulle den gewaltigsten aller seiner Sätze, stand still im Luftsprung, und neben ihm, an ihm hing ein Schwertfisch. Er hatte ihn mitgerissen, um ihn beim Fall mit der Tonnenwucht seines Körpers zu zerschmettern und, selber hinscheidend, seinem Widersacher den Tod zu geben. Ein letzter Blutstrahl hoch in die Luft, dann drei, dann vier letzte furchtbare Schwanzaufprälle und alles plötzlich still.
Das Publikum auf seinen Hängesitzen blieb eine lange Weile stumm. Bis sich ein erster Seufzer löste. Ach ja.

Weh- und Wohlgefühl. Weshalb nicht jeden zweiten Tag so ein Schauspiel?
Der große Bulle, der Held des Tages, lag tot, trieb ab.
„Warum haben sie das getan, Bootsmann? Warum?"
„Weil sie Krieg miteinander führen, Schweizer."
„Warum führen sie Krieg?"
„Weil sie sich hassen, weil sie sich hassen müssen. Sie sind zu verschieden voneinander und dann doch einander wieder zu ähnlich. Das ist es."
Achim begriff, daß es so auch bei den Menschen sei. Er wollte, das nahm er sich in dieser Stunde vor, auf seiten des Schwächeren stehen. Der submaritime Kampf, das gewaltige schlagende Heck des Wals, die schnellenden, kraftgeladenen, schaumdurchschießenden Fischschwerter – was würde er sein: Schwanz oder Schwert? Sieger oder Besiegter?
Die Raphaela quälte sich langsam vorwärts. Der Walbulle trieb zur Seite hin, ein auch im Tode noch mächtiger Körper. Der Bootsmann fing zu schelten an: „Daß wir aber auch keine Fässer an Bord haben! Dann könnten wir wenigstens den kostbaren Speck retten!"
„Ja", meinte der Obersteuermann, „der hatte seine dreihundert Tonnen. Es war ein Kapitalbulle."
„Kreuz, Donner, Arsch und Gicks noch mal, nun geht all der Blubber vor die Haie! Muß es nun grad ein Pottwal sein! Sonst könnte man in einer Stunde eine ganze Masse Geld an ihm verdienen."
„Wie meinen Sie das?" fragte Achim.
„Der Pottwal", belehrte ihn Hinrichsen, „hat keine Barten, sondern nur Zähne im Unterkiefer. Die haben für uns keinen Wert, wenn sie ihm selber auch sehr nützlich sind. Ah, ich könnte ein Liedchen davon singen. Egal, jetzt wollen wir niederentern. Vielleicht ist der Kapitän so nett –?"

Der Kapitän war so nett.
„Danke auch sehr, Kommandant“, sagte Hinrichsen. „Wir wollen doch wenigstens ein Stück von der Zunge haben. Die schmeckt wie Jungfernbraten. Und ein wenig Abwechslung nach dem ewigen Tornisterfleisch haben wir wohl verdient.“
Ja, sie durften die Gig nehmen, das schnittige Beiboot, das eigentlich durch das Gesäß eines Nichtoffiziers entweiht wurde.
Nowak, der mürrisch gewesen war, richtete jetzt ironische Blicke auf Achim. Dieser in seinem Eifer, schnell von Deck zu kommen, ehe der Bootsmann es sich noch anders überlegte, nahm nicht die Strickleiter der Wanten, sondern er rutschte die Stengepardune hinunter, allzuschnell.
Im Nu war das Innere der Handflächen durch diesen Feuereifer wundgescheuert. Von der Haut hatte es ganze Stücke abgerissen.
„Bravo, Schweizer, das nenne ich flink!“ rief der Bootsmann. „Siehst du, mit der Zeit kann noch ein ganz tüchtiger Kerl aus dir werden.“
Joachim verbiß sich den Schmerz und lächelte. Es war ein teures Lob.
„Na, wohl ein bißchen abgeschunden?“ fragte der Bootsmann.
„Macht nichts.“ Aber selten hatte Achim solche Schmerzen ausgestanden wie während dieser Fahrt, denn das Holz der Bootsriemen scheuerte bei jedem Zug von neuem an den wunden Hautstellen, am bloßen Fleisch der Hände.
Sie erreichten den Giganten. Er lag auf der Seite, mit trägen Bewegungen, in einer Blutschwemme. Trübe Schaumbatzen, schmierige Wasserlinsen machten sich an ihm zu schaffen, und mannshoch stand ein Geruch über

der Stelle, wie ihn Achim noch nie in die Nase bekommen hatte.

Der tote Wal ließ alles mit sich geschehen. Länger als sechs Meter lang war der Kopf, der Rachen wie vernagelt. Am Bauch fanden sie vier schwere Wunden, drei mehr horizontal – vom parallelen Geflitze der Schwertfische –, es hatte ihn nur angerissen; der vierte Stoß aber war nicht breit, sondern tief drinnen, eingebohrt, senkrecht nach oben. Das war wohl die Ursache, der Antrieb für den letzten verzweifelten Luftsprung gewesen, bei dem der Wal den Fisch mit in die Höhe gerissen hatte: das Schwert, abgebrochen, stak im Unterleib, fest zwischen die Rippen eingekeilt, sie konnten es mit ihren Händen nicht herausziehen.

Dann fuhren sie zum Rachen, zur Vorderseite des Kopfes. Sie hatten es ja schon gesehen, daß die Lade zu war, krampfig geschlossen. Aber sie wollten doch zum mindesten ein Stück der Zunge herausschneiden. An der obenliegenden Seite des Maules hing der Kopf eines Angreifers mit dem langen Schwert, beides unbeschädigt. Sie konnten ihn abschneiden. Die mächtigen Hauer, Spitzpfähle aus Knochensubstanz, hatten den Leib des Schwertfisches – es war der dritte Feind gewesen – zu Brei zerquetscht.

Aber was nützte es, den Kopf des Schwertfisches, dieser Torpedobestie, mitzunehmen? „Versuchen wir es noch mal!“ befahl Hinrichsen. Er sah fremd aus, gierig, das Gesicht anders gerötet als sonst. Aber soviel sie auch rüttelten, so sehr der Bootsmann darauf versessen war, wenigstens ein Stück der Zunge herauszubekommen, sie brachten die Kiefer nicht auseinander.

„Dummes Zeug auch. Dazu brauchen wir ein Brecheisen.“ Sie mußten versuchen, die kolossale Leiche längsseits zu bringen. Also anbinden und abschleppen.

Kaum war das Tier in Bewegung, wurde es sehr leicht. Ein starker Mann konnte die Last am kleinen Finger hinter sich herziehen, und so führte die kleine Gig den Giganten, und es gab von Bord herunter lautes Hallo. So sehr sie aber auch daran herumarbeiteten, mit Tauen und Haken, so sehr ihnen beim Stemmen die Stirnadern schwollen, die große Freßlade blieb zu, wie verlötet und verschweißt. So recht ein auf dem Rücken liegender Geldschrank, der sich weder mit lautem Geschrei noch mit stummer Tücke aufmachen ließ!

Sie agierten mit ihren Seilen, bis der Wal ganz herumgedreht war, und da fanden sie im Fleisch der Kehrseite drei alte verrostete Harpunen. Zwei davon hatten denselben Schiffsnamen, die dritte einen andern. So war dieser Held von einem Superbullen zweimal dem Tod durch Menschenhand entwischt. Und jetzt behielt er die Zunge bei sich, das war sein letzter Sieg.

Mürrisch sagte Pay Andersen zu Peter Hinrichsen, er könne die abgebrochene Säge behalten, den Kopf des Schwertfisches wolle er sich skelettieren lassen.

„Nun aber nicht mehr getrödelt. Weg mit ihm!“ Es war nämlich etwas Wind aufgesprungen.

Inzwischen waren Haie gekommen, zwölf, dreizehn, vierundzwanzig, Haie in allen Größen, stumm hechelnd im Vorgefühl, mit schläfrigen Bleichgesichtern, doch unheimlich wach, darunter zierliche und solche, die den Schwertfischen an Länge nichts nachgaben, ja fast acht Meter erreichten. Sie hielten sich zurück, nur die Schnauzen streckten sie vor. Jetzt kamen sie wie auf Verabredung ein wenig näher, kreisten das Schiff ein. Achim sah, wie die Dreiecke der Haifischflossen das Seewasser schnitten.

Einige Matrosen lachten verdrießlich. Sie waren ja leer ausgegangen. Als die Männer den Wal loswarfen und er kaum eine Schiffslänge von ihnen entfernt war, da kam es von allen Seiten wie ein einziger Schuß über ihn. Die maschinenscharfen Gebisse der Hungrigen teilten den Bullen auseinander, sie schlangen und schluckten, fuhren sich gierig in die Parade. Das war das letzte, was der junge Mann aus Lüdenfeld sah. Er wandte sich ab.

Der leise Hauch, nur eine Knospe Wind, hatte es dem Kapitän eingegeben, die tote Last schnellstens loszuwerfen, denn aus der Knospe entfaltete sich rasch der so lang ersehnte Südostpassat. Allmählich frischte er zu einer schönen Brise auf, und gegen Abend glitt die Raphaela wieder mit rund geschwellten Segeln durch die Flut, deren gleichmäßige Wellen mit sachtem Rauschen überköpften.

Alle Pein und Plage der letzten drei Wochen war vergessen. Jetzt hatten sie wieder ihr Seeleben wie im Norden der Linie. Das war kein Geschleiche, der stetige Hauch kühlte. Sie segelten am Winde. Dieser übte seitlichen Druck auf das Leinen. So hörte auch endlich das Schlingern auf, das unsanfte, nie endenwollende Hinundhergeschubse, das besonders lästig ist, wenn man nicht Fahrt macht.

Der neue Passat war zu Beginn noch südlicher als Südost, und das bedeutete, daß die Raphaela einen weiten Bogen nach Westen machen mußte, auf die südamerikanische Küste zu. Batavia, die Reisfelder, das bergende Festland, die zehn Jahre Verjährung, die mühsame Planung der Zukunft verschwanden in silberblauer Ferne.

Hansen nahm wieder seine Mundharmonika vor, blies und dudelte, und der Mastbaum verwandelte sich in eine Dorflinde, nicht nur für Achim.

Jeder sah seinen Nachbarn ein bißchen von der Seite an, sah, daß der ein Mann war, auch er ein Mann, nichts anderes.

IX

Auf etwa 30 Grad südlicher Breite verständigte sich der Passat mit andern Winden, überließ ihnen das Feld. Die Raphaela bekam einen Kurs in südöstlicher Richtung bis über den vierzigsten Grad südlicher Breite, um sich dort vertrauensvoll, wenn auch nicht ohne Bedenklichkeit, den hier herrschenden Westwinden zu überlassen. Jetzt sollte es ja, möglichst der Luftlinie folgend, zum Kap der Guten Hoffnung gehen und so weit nach Osten, bis es möglich sein würde, nach Norden umzubiegen, um dann mit dem Südostpassat die Sundastraße zu erreichen.
Die Fahrt ging schnell, es war im ganzen Strickzeug der Takelage zu spüren. Sie wollten an der 350 Meilen westlich vom Kap gelegenen Insel Tristan d'Acunha vorbei, sie in Sicht laufen, um wieder einmal die Positionen, die unsicher gewordene Schiffsrechnung zu überprüfen und neu zu bestätigen.
Aber es ging der Bark Pay Andersens mit dieser Insel so wie mit der Insel Madeira. Dem Besteck nach sollte sie auf eine Meile Entfernung passieren. Es war schönes, sichtiges Wetter, aber es kam nichts über die Kimm. Da war es also wieder nichts mit der Segeltuchhose für den schärfsten, raschesten Späher. Die Enttäuschung lag auf allen Gesichtern.
Einer schlug vor, zum Trost dafür eine Fete zu veranstalten. Er sprach es so aus: eine Fette. Sie feierten sie. Es gab gutes Reservefleisch, nicht die saftlosen Späne, den Tornisterbraten. Frisches Gemüse fehlte schon seit langem. Allerlei Unfug richteten sie an, mit schweigender Billigung durch den Kapitän. Es war, als sei hier ein zweiter Äquator gezogen.
Unbemerkt war Nowak an Joachim herangetreten und hatte ihm ein merkwürdiges Ding, wie eine Daube oder

ein Faßband aus gesteiftem Segelleinen, um den Hals gelegt. Große eingedrückte Ecken waren daran. Ehe der Junge es abstreifen konnte, fragte jemand: „Was ist denn das?“ Und Nowak antwortete mit zuckersüßer Stimme: „Ein Vatermörder.“

Achim schleuderte das Ding von sich. Das würde er ihm nicht vergessen!

Zwischen dem Koch, dem Zimmermann und dem Matrosen Hansen war eine lebhafte Unterhaltung entstanden. Es ging um die Frage, ob es möglich wäre, ohne Zunge auf der Mundharmonika zu spielen. Alle drei hatten von dem Disput schon ganz rote Köpfe.

Sie mußten mindestens 25 Meilen an der Insel vorüberkursen, denn sonst wäre bei so außerordentlich klarer Luft der spitze Bergkegel wenigstens andeutungsweise sichtbar geworden. „Vielleicht sind es aber auch hundert Meilen“, spottete Nowak. „Unser Alter ist nicht ganz auf der Höhe.“

Daß ihm die Berechnungen etwas schwerfielen, wußte jeder. Er überließ sie den viel jüngeren Steuerleuten. Mit dem mächtigen, handfesten Oktanten wurde er noch fertig. Das waren einfache Höhenmessungen. Aber der Sextant war für ihn ein unangenehm subtiles Instrument, mit dem er sich in seiner theoretischen Ausbildung kaum beschäftigt hatte. Jeder wußte, daß Pay Andersen ein „Übriggebliebener“ war, ein Mann der Praxis, einer der letzten Vertreter des alten Typs. Die Männer der friesischen Inseln, die über fünfzig oder sechzig waren, hatten sich mit den modernen Berechnungen nie abgegeben. Ihr Lehrmeister war ein invalider Kapitän noch älteren Schlages gewesen. Nein, auf die fitzligen Zahlenspiele und Winkelzüge verstanden sie sich nicht. Ihre Stärke war das Beobachten und das Schiffen.

Nun aber hatte laut Vertrag Achim ja Navigationslehre

bei dem Chef der Raphaela. Dieser verwies ihn oft an den jüngeren Steuermann, doch ließ es sich nicht vermeiden, daß manchmal eine Frage offenblieb. Eine gewisse Mechanik als Grundlage nautischer Rechenkunst brachte der Lüdenfelder vom Gymnasium mit. Aber tieferes Verständnis konnte man von ihm nicht erwarten. Die Abweichungen waren unerlaubt groß. Mit der Chronometrie wollte es nicht stimmen. Man holte sich Hilfe vom Firmament, besonders von den Monddistanzen.

Kreuz des Südens – das war in seiner Vorstellung ein Brillantfeuerwerk auf schwarzblauem Grund gewesen. Der Name täuschte. Die fünf Sterne waren bis auf einen von geringer Kraft. Dafür entschädigte die wunderbare Durchsichtigkeit der Luft. Bei grellstem Sonnenschein war es möglich, bis mittags elf Uhr und dann wieder von zwei Uhr an die Planeten zu erkennen. Das Tagesgestirn ließ die nächtlichen Sterne großmütig gelten.

Sie kamen über den vierten Grad südlicher Breite hinaus. Da fing nun die Schlechtwetterperiode an. Der Trieb von Westen zwar konnte als günstig gelten. Er bildete hier den Gegenstrom zum Südostpassat.

„Aber wir haben leider mehr davon, als wir brauchen“, sagte der Bootsmann.

Joachim hatte nicht gewußt, daß es eine Beschleunigungsgrenze gab. Über diesen Grad hinaus war an Segeln nicht mehr zu denken, man mußte beidrehen, also unter kleinen Sturmsegeln am Winde liegen und langsam seitwärts treiben. Dabei war es nicht so sehr die Windstärke, die dem Fahrzeug zu schaffen machte, sondern die aufgewühlte, mächtig dahintreibende See erzwang das Stillhalten. Bei schweren Winden steigerte sie ihre Bewegung zu einer solchen Schnelligkeit, daß sie die vor ihr laufenden Schiffe einfach überholte oder bei Seitensturm quer über sie hinbrach. Da wurde dann alles niedergerissen. Nicht nur das Schanzkleid ging in Fetzen, sondern die Masten brachen, und das Ende war die Schwebefahrt in die Tiefe.

„So ist bei China", erzählte der Bootsmann, „vor zwölf Jahren der preußische Kriegsschoner ‚Frauenlob' untergegangen." „Und ein Jahr später die ‚Amazone'", fügte der Zimmermann hinzu. „Eine stolze Korvette war das, aber kein Zipfelchen mehr dann zu sehen – nicht Mann noch Maus."

Achim stand dabei und hörte schweigend zu.

„Ja", meinte Hinrichsen, „wenn man vor dem Winde segelt, heißt es beim Beidrehen höllisch aufpassen. Man darf nicht so lange warten, bis die See zu schwer geworden ist. – Achtung! Rasch beidrehen!" rief er jetzt. Es gelang der Raphaela, mit dem Kopf an den Wind zu kommen. Am Winde zu liegen bedeutete, daß in der Regel vom Sturm, dem wild gestauten, nichts mehr zu befürchten war, solange man sich auf offenem Wasser befand. Die kleinen Sturmsegel schaukelten einen seitwärts, und so ein Dreimaster konnte mit seinem Rumpf ein sehr breites und ziemlich glattes Kielwasser machen. Die Sturzseen wurden mit ihren hochgetragenen Kämmen aufgefangen und abgeschwächt.

Joachim hatte jetzt Seebeine, gewiß, aber es fing doch an, unerträglich zu werden, wie man sich so an den aufgespannten Tauen entlangtasten und sich bei der Mahlzeit auf das platte Deck hinsetzen mußte, die Füße irgendwo anstemmend, und der Suppentopf ging hoch nach rechts und nach links. Wo brauchte man auf diesem schlüpfrigen Fußboden nicht Balance! Das Beidrehen brachte immer etwas Erholung. Am scheußlichsten war jetzt das ununterbrochene Hinundhergeschleudertwerden. Die hohen Wellen im biskayischen Wasser waren nichts gegen die beim Kap der Guten Hoffnung. Unter

einem Winkel von 45 Grad zum Horizont aufwärts und nieder stand da die Raphaela manchmal.
Wenn sie beigedreht lagen und weniger zu arbeiten hatten, verdrückten sich die Männer manchmal in eine möglichst geschützte Ecke und verkürzten sich die Zeit, dabei Werg zupfend oder aus Kabelgarnen etwas zurechtposamentierend, mit Erzählungen aus ihrem früheren Leben. Da konnte man sich leicht in Prahlereien steigern über das, was gewesen war, und das, was kommen sollte.

Achim war und blieb ein Einzelgänger. Er wollte es auch nicht anders. Daß es ihm jetzt gelang, dem scheu gewordenen Ludwig Nowak auszuweichen, darüber war er froh. Die Verfinsterung seines Gesichts hatte dem andern unzweideutig zu verstehen gegeben: Das vergesse ich dir nie! Und der hatte es auch verstanden. Wie lange würde er sich daran halten? Jedenfalls sollte er sich nicht wieder erdreisten, ihm so auf die Pelle zu rücken, wie er es schon getan hatte. Wie kam der nur dazu, ihn immer wieder zu bedrängen? Er hatte ihm doch von Anfang an keinen Anlaß dazu gegeben. „Es ist die große Einsamkeit, mußt du wissen. Wir sind alle sehr allein, jeder für sich." So hatte er geworben, für sich Stimmung machen wollen. Aber jetzt kam in Achim die Wut hoch, mußte er doch daran denken, wie vor der Geschichte mit dem umgelegten Vatermörderkragen schon einmal der Fürwitz dieses andersartigen Matrosen ihn hatte in die Zange nehmen wollen.
Nowak war ein Stück zu ihm hinaufgeklettert, hatte auf die Taue gezeigt und dabei halb singend geschrien: „Joachimke, Joachimke, hüte di, fange wi di, dann hange wi di." Er wollte beides damit verbinden: ihm zu verstehen geben, daß er die Brandenburgische Geschich-

te kannte, und daß er auch nicht gewillt war, ohne weiteres auf seine Mitwisserschaft zu verzichten.

Achim hatte Wache, und er hielt scharf Ausguck, denn es konnte sein, daß sie auf einen der tückischen, nur an schmaler Kuppe erkennbaren Eisberge trafen. Die See war leer. Anders als vor einigen Tagen gab es weder Albatrosse noch Kaptauben. Die hatten zu Hunderten die Reling bedrängt, sich lauthals um jeden Bissen gebalgt, der aus der Kombüse über Bord ging. Es war nicht schwer, diese Vögel zu angeln, denn sie kauten sich wie Fische auf dem gespickten Haken fest. Dutzende zog die Mannschaft herein.

Die Kaptauben waren pfündiger als die heimischen Vögel derselben Art. Die Albatrosse hatten ein Gewicht von fünfzehn bis zwanzig Pfund, und einzelne waren mit ausgespannten Flügeln über dreieinhalb Meter breit. Dadurch war es ihnen unmöglich, sich von einer glatten Fläche aufzuschwingen. Im Wasser stießen sie sich an der Spitze einer Welle ab, auf die sie immer erst warten mußten.

Man redete dem Koch zu, er solle es doch mit dem Fleisch der Tauben versuchen.

„Das ist zu hart und zu tranig. Und ein Albatros – na, den schon gar nicht! Das ist doch kein Ganter!“ Und er erklärte den Neulingen, daß die Federn das waren, was der Erfahrene zu schätzen wußte.

„Man glaubt, dem Umfang nach einen Schwan in den Händen zu haben, solch eine Fülle auf der Brust! Und ist der Vogel dann gerupft, so wirkt er kaum größer als ein gewöhnlicher Hahn. Nu ja, die Herren Offiziere nehmen die Brustfedern gern für ihre Frauen mit, denn die schönsten Eiderdaunen sind nichts dagegen.“

Achims Ich begann zu vagabundieren. Die kleine Stadt

war wieder da, das Reinhartsche Haus mit der Lärchenholzverschalung im Dachgeschoß, ruhig, urgemütlich, so empfand er es jetzt. Anders jedenfalls als das feucht und grau gewordene Schanzkleid der Bark. Irgendwo hatte da ein Heidschnuckenfell gelegen, schon ein wenig zerschabt, aber der Kopf war noch daran, und über diesen Schafskopf stolperte er immer wieder als Vier- oder Fünfjähriger. Und er hörte die Mutter, wie sie dem Vater beibringen wollte, daß ein duftiger Vorhang mit seiner Raffung doch nicht neben den als Schmuck an der Wand hängenden Morgenstern paßt, den in der Schweiz gekauften Streitkolben mit wüsten Stacheln. Und im Zuhause Selmas, in ihrem schmalen länglichen Zimmer vor dem hohen schmalen Fenster die Feldblumen in einer bescheidenen Karaffe. Alles sauber, rein im Stil, kein Zuviel und Zuwenig, kein Prunk und Protz. Selma war nicht mehr das Nachbarkind gewesen, sie hatte sich in ein junges Mädchen verwandelt, und da fing es richtig an mit ihnen beiden.

Warum eigentlich hatte er sich so gegen die massive Fürsorglichkeit des Vaters gewehrt? Die Handvoll Juristerei, das wäre auch noch zu schaffen gewesen. Wenn nicht, ja, wenn nicht eben das Furchtbare geschehen wäre, dieser Streit und das Ende davon.
Achims Wache war um, seine Freiwache begann. Erst noch Bericht beim Kapitän. Er ging selten in die Kajüte. Wenn etwas zu besprechen war, fing ihn Pay Andersen draußen ab, oder er verließ sein Gehäuse. An diesem Tag, so schien es dem Jungen, lag dem Alten etwas an einer Besprechung in seinen vier Wänden.
„Kommen Sie", sagte er zu Achim, der noch zögernd am Eingang wartete. Bald merkte er, daß der Rapport nur ein Vorwand war. Der Kapitän hatte irgend etwas. Er war

ein leidlich guter Navigator, aber bestimmt ein schlechter Schauspieler.

„Also, was gibt's?“ fragte er.

„Schade, kein Eisberg –.“

„Was heißt schade? Was meinen Sie damit?“

„Ich meine nur, Herr Kapitän, daß ich gern einmal – einen Eisberg erlebt hätte.“

„Sie sind hier nicht, um etwas zu erleben, sondern um zu lernen.“

Erst jetzt fiel es Achim auf, daß ihn der Alte nicht duzte.

„Seien Sie froh, Reinhart, wenn Sie keinen Eisberg zu melden haben. Das könnten wir gerade noch brauchen.“

„Ich meinte es auch nicht so, Herr Kapitän.“

„Dann sagen Sie genau das, was Sie meinen, beziehungsweise was Sie gesehen oder nicht gesehen haben. Alles andere ist unscharfes Denken.“

Stumm zeigte er auf einen Klappsitz, der seinem Aussehen nach schon viele Fahrten überstanden haben mußte.

„Auch ich bin gegen unscharfes Denken, Herr Kapitän.“

„Was wollen Sie nun damit wieder sagen?“ Plötzlich verfärbte sich Pay Andersens Miene. Irgend etwas sehr Ärgerliches mußte ihm eingefallen sein. Joachim wußte auch schon was.

„Wollen Sie mir vielleicht die Sache mit den grauen Felsen und der Brandung vorhalten, die ich irrtümlicherweise anvisierte?“

„Ich würde mir“, antwortete Achim, „nie erlauben, Ihnen eine Vorhaltung zu machen.“

„Aber im stillen kritisieren Sie mich manchmal, was?“

Joachim schwieg.

„Auf den Punkt kommen wir schon noch“, sagte der Kapitän.

Dann aber schwiegen sie zusammen. Joachim wäre am liebsten aufgesprungen und davongelaufen. Pay Ander-

sen grübelte verbissen in sich hinein. Sie sind immer so gereizt zu mir, hätte Achim gern gesagt, in der Hoffnung, das gespannte Beieinander zu entschärfen.
Was wollte ihm der alte Pay sagen? Vielleicht die Kündigung aussprechen? Ja, er will mir kündigen. Dann muß ich aussteigen! Zum Lachen ist das ja. Und es überkam ihn eine unerwartete Heiterkeit. Der Kapitän merkte das: „Sie sind wohl sehr lustig, wie?"
„Darf ich das nicht?"
„Was fällt Ihnen ein, so mit mir zu sprechen!"
„Verzeihung, Herr Kapitän, mir ist wirklich etwas eingefallen. Wenn Sie mich nicht mehr haben wollen und ich aussteigen müßte –."

„Aussteigen können Sie nicht", sagte Andersen. „Bei dem andern Punkt fällt es mir schwer zu widersprechen."
„Aha", antwortete Achim nur.
Dann wieder das verbissene Schweigen im Duo.
Jemand klopfte. Der Bootsmann lugte herein, prallte zurück. Es blieb etwas Knasterduft im Raum.
Dann sprach der Alte merkwürdigerweise von seinem Leben. Und daß es darin rechtlich zugegangen sei, ausnahmslos rechtlich. Als er es noch einmal wiederholte, sagte Achim: „Ich bezweifle das nicht, Herr Andersen."
Der Kapitän achtete nicht darauf.
So fährt ein Flederwisch über einen ausgetrockneten Tintenfleck, dachte Achim.
„Es gibt viele Maßstäbe, Reinhart, aber ich darf wohl sagen, daß ich nie einen Wechsel vorgenommen habe. Ich bin von einfacher Herkunft, ja. Ich stamme nicht aus Geldverhältnissen. Aber es ist mir klar gewesen, von Beginn an, daß du einiges tun darfst und anderes wieder nicht – so habe ich mir selber gesagt. Lassen Sie mich

ausreden! Wenn Sie auch gerade Freiwache haben. Es geht schließlich um Sie, verstanden?"
„Erlauben Sie mir die Bemerkung, daß ich nicht ein Wort von dem verstehe, was Sie sagen wollen, Herr Kapitän."
„Na, dann wenden Sie mal Ihren Verstand, Ihre hohe Intelligenz an. Eigentlich müßten Sie es von selber wissen."
„Sie sind immer so gereizt", sagte Joachim. Diesmal sagte er es wirklich.
Der Flederwisch – keine Notiz. Wenn er jetzt auf die Lüdenfelder Sache zu sprechen kommt –.
Achim war klar, daß er diesem Gespräch nicht entgehen konnte, es mußte zu Ende geführt werden.
„Ich weiß", nahm Andersen den Faden wieder auf, „ich weiß, daß Sie mich kritisieren, daß Sie auf mich herabsehen. Man hat es Ihnen wohl erzählt: mein Vater war ein einfacher Schuster. Aber ich hab mich hochgearbeitet. Ich habe Fehler gemacht, ja. Es waren Walfische, keine Klippen. Das Meer lief auf die Leiber auf, keine echte Brandung. Und ich habe mich im Kurs vertan. Aber . . ." Und jetzt erhob Andersen die Stimme, es war ein wildes Aufbegehren darin.
„Ich habe versucht, wo immer ich war, meinen Posten auszufüllen. Ich bin einer von den Übriggebliebenen, ja. Doch nie ist durch meine Schuld ein Mensch ums Leben gekommen."
Schweigen. Nur Schweigen.
Tröpfchen auf Achims Stirn. Tröpfchen am eifernden Mund des Kapitäns. „Der Bootsmann, er hat nicht genug aufgepaßt. Es tut mir leid, ja, verdammt – leid. Vielleicht hätte ich euch beide nicht hinaufschicken sollen, sondern ein paar ältere Knaben. Aber ich dachte, die Gelenkigkeit ist dabei das Wichtigste. Und ihr hattet es doch vorher gelernt. Nun, was wollte ich sagen?"

Der Kapitän war etwas ruhiger geworden, doch Achim merkte, daß es in ihm noch brodelte.
„Ende nächsten Jahres werden Sie Leichtmatrose sein können. Gedulden Sie sich noch. Ich meine, wenn Sie dann noch auf See sind."
Achim hatte die ganze Zeit über gelächelt, nicht sehr, aber doch so, daß der Kapitän ihn jetzt gereizt anfuhr: „Sie werden schon einmal von Ihrem hohen Roß heruntermüssen, Herr Reinhart."
„Ich habe mich immer bemüht, meine Pflicht zu tun." Es kam gepreßt, halb erstickt aus ihm heraus, und er schluckte das, was er nicht mehr sagen wollte, hinunter.
„Davon rede ich nicht", wies ihn Andersen zurück, „das ist eine Selbstverständlichkeit. Von Ihrer inneren Haltung spreche ich. Und wie es für Sie keine Autorität gibt, nicht einmal die Mannschaft um Sie. Es ist für Sie alles Luft."
Ganz unrecht hat er ja nicht, dachte der Junge und preßte die Lippen zusammen.
Andersen blätterte, ohne hinzusehen, mit drei Fingern der Rechten im Logbuch. Unwirsch schob er nach einer Weile das Journal auf die andere Seite des Tisches. Es sah aus, als wolle er sich erheben. Dann sagte er nur: „Ich habe mich sehr ungern entschlossen, Sie aufzunehmen. Ich sah Scherereien voraus. Ich vermute, daß auch mit dem adretten Nowak nicht alles stimmt. Ich bin schließlich für das, was auf dieser alten Arche geschieht, verantwortlich. Die Sache mit dem Diebstahl des silbernen Amuletts hat mir gar nicht gefallen."
„Sie wissen davon?" entfuhr es Achim. Er hatte gemeint, daß alle dichtgehalten hätten. Ihn war es ja schließlich nichts angegangen, aber einiges bekam er beim ungewollten Zuhören doch mit.
„Die drei oder vier Betroffenen haben das mit sich selber

ausgehandelt – Sie haben sich als Schiedsrichter aufgespielt. So etwas ist mir zu melden."
„Ja, ich weiß, Herr Kapitän, Sie üben die oberste Gerichtsbarkeit aus."
„Und immer stecken Sie mit diesem Nowak zusammen. Glauben Sie nicht, daß mir die Besuche in der Schlafkoje entgangen sind. Wenn es mir nicht zu unappetitlich gewesen wäre – diese Art, Süßholz zu raspeln, wie der Nowak es Ihnen gegenüber tut –, aber ich habe ihn mir schon vorgenommen. Und ich werde ihn nochmals examinieren – und das werde ich gründlich tun!"
In Achims Ohren war ein feines Sirren. Er bemühte sich, ruhig zu bleiben.
„Sie können es mir glauben, Herr Kapitän, Ludwig Nowak ist mir selber unsympathisch."
Da fuhr ihn aber der Kapitän an: „So spricht man nicht von seinem Freund! Nun hört sich doch alles auf! Erst sind die beiden unzertrennlich und dann – nein, Jochen Reinhart, so kommen wir nicht weiter."
„Es ist aber, wie ich sage, Herr Kapitän. Ich habe eher Mitleid. Er ist ein armer Mensch."
„Und Sie wollen ihn bei mir denunzieren."
„Nein, das auch nicht. Ich will Ihnen nur verständlich machen –."
Achim begriff, daß er eine schlechte Rolle spielen mußte.
„Ach, gehen Sie, Reinhart, Sie sind unaufrichtig."

Achim stand auf und warf den Kopf voller Zorn ruckhaft in die Höhe.
„Sie sind verlogen", sagte Andersen leise und holte sich das Schiffsjournal wieder heran.
„Sie werden mich nicht mehr allzulang um sich ertragen müssen."
„Glauben Sie denn", fuhr ihm heftig, aber nicht laut der

Kapitän in die Rede, „glauben Sie denn, Sie könnten einfach desertieren?“
„Es gibt eine Grenze, Herr Kapitän. Die menschliche Gewalt stößt irgendwo an eine ihr selbst nicht bewußt gewordene Schranke.“
„Hören Sie doch mit Ihren gymnasiastischen Sprüchen auf!“
„Ich darf also gehen?“
„Sie bilden sich ein, Sie könnten auf Ihre Mitmenschen herabsehen, Sie sind etwas viel Höheres als die Matrosen, als Bootsmann Hinrichsen, als ich, als der Reeder. Sie träumen davon, Ihren Weg zu machen. Sie wollen eine Karriere, gehen auf ein Kriegsschiff, werden O. I. – ja, ich sehe Sie schon als Konteradmiral, natürlich, Joachim Reinhart, Konteradmiral – und dann Vizeadmiral. Schließlich wird er noch geadelt und ist Joachim von Reinhart.“
Die Stimme des Kapitäns überschlug sich fast.
Die Gestalt des Jungen straffte sich, er machte seine Verbeugung und verließ den Raum.

Es stach, es prickelte, es fuhr wie leises Feuer über den Wurzelboden der Haare. Er konnte nicht schlafen, nicht klar denken. Was war da nur geschehen, über ihn hinweggerollt – anfangs war der Kapitän, wenn auch nicht gerade wohlwollend, so doch tolerant gewesen. Und jetzt dieser Ausbruch. Das Wörtchen „schade“, das sich auf den nicht gesichteten Eisberg bezog, war nur die Zündpille gewesen. Daran entlud es sich. Er versuchte, den Kapitän zu begreifen. Ja, er, Joachim Reinhart, war in diese abseitige Welt hineingeraten, eingedrungen. Der Kapitän, die schlichten Barkoffiziere, die ganze Crew, sie waren nicht mehr unter sich. Er störte sie mit seiner Anwesenheit, schon dadurch, daß er es beinah bis zum

Abitur gebracht hatte. Im Augenblick freilich war er der Letzte dieser Backschaft.
Wenn er alles recht bedachte, konnte er Pay Andersen verstehen. Immer war er mit Freude, mit einer verbissenen Freude hinausgefahren. Jetzt hatte er den Beobachter bei sich, spürte die scharfen und für ihn wohl auch spöttischen Blicke des Oberprimaners. Pay Andersens Laufbahn neigte sich dem Ende zu. Bei allem Respekt hatten sie über ihn gelacht, Witze gerissen, nicht nur wegen der verkürzten Passage, die dann ein richtig langes Malheur wurde.
„Herr Kapitän", sagte Willemsen in vertrauter Runde, „ich als Ihr Admiral bescheinige Ihnen, daß Sie nur eine halbe Dosis sind." Angeheitert witzelten und wieherten sie an jenem Abend, er jedoch, Joachim Reinhart, fuhr ihnen über den Mund. „Ihr sollt über den Chef nicht lachen. Er ärgert sich selber schon genug."
Da fielen sie alle über ihn her. „Ist wohl dein Protektor, was? So 'ne Art Brückengötze? Oder ein Bordkaiser, wie?"
„Seht ihr denn nicht, daß er manchmal wie ein verprügelter Hund aussieht?"
„Promenadenmischung!" hatte Nowak da ausgerufen, und das Gewieher war immer lauter geworden.
Etwas mußte der Alte davon gehört haben. Er sah in Joachim wahrscheinlich den Anstifter des ganzen. Wie sollte er dem Kapitän klarmachen, daß er ihn verteidigt hatte? Es würde dadurch alles nur noch schlimmer werden.

Achim hielt es in seiner Schlafkoje nicht mehr aus. Er wollte ins Freie, wollte Meer und Wind um sich haben. Sie würden ihm wohltun. Er mußte an einigen Matrosen vorbei, die sich gerade lebhaft unterhalten hatten, nun

aber verstummten, und einige schauten ihm mit scharfen, kritischen Blicken nach. Er spürte ihr Schweigen, ihre Kritik, aber auch ihre Genugtuung, daß er vom Kapitän zusammengestaucht worden war – ganz in ihrem Sinn. So was sickert durch. Er zog die Schulterblätter zusammen und ging mit schnellen Schritten an die Reling.
Das Meer war ruhig, eine unendliche opalene Fläche. Die Sonne drang tief ein, und alle Blautöne lichterten auf, wenn ein Luftzug darüber hinstrich. Dann war die Oberfläche zart geriefelt.
Etwas von der Friedfertigkeit der Elemente miteinander teilte sich ihm mit. Der Kapitän hat keine Schuld. Pay Andersen, der im Dienst grau Gewordene, ist von mir mit hineingerissen worden. Was geht ihn mein privates Unglück an? Warum mußte mich mein Debakel gerade auf sein Schiff verschlagen? Hier griff doch alles in gewohnter patriarchalischer Ordnung klar und sauber ineinander. Mußte man dem Kapitän nicht zugute halten, daß er die Überheblichkeit des neuen Schiffsjungen so lange ausgehalten hatte? Achim konnte dem Mann nicht zürnen, der sich seiner, wenn auch zögernd, fast widerwillig, als Wohltäter angenommen hatte.
Die See war so still, so lautlos, daß er seinen eignen Pulsschlag hören konnte. War er noch derselbe wie vor dem Zusammenstoß mit Pay Andersen? Beim Rückweg blieb er vor der großen, wulstigen Ziervase stehen, die als besonderen Schmuck zuoberst eine Venus aus Bronze trug, eine Venus Anadyomene. Ihre beiden ausgestreckten Arme umfaßten einen kreisrunden Spiegel. Achim hielt sein Gesicht hin, schaute sich lange starr in die Augen. Wer bin ich? Bin ich noch derselbe? Langsam wandte er sich ab, und auf einmal überkam ihn nach all dem Wirrwarr, den Vorwürfen und Selbstvorwürfen eine große Ruhe.

Es würde alles weitergehen. Ob mit oder ohne ihn. Eine ungeheure Gleichgültigkeit war da, eine Leere, und er würde sich dareinfallen lassen. Wer ganz unten ist, kann nur noch steigen. Nichts sollte umsonst gewesen sein, alles konnte sich verwandeln. Am Ende würde alles recht und gut gewesen sein. Auch das Ungute.
Wie weit ist es eigentlich noch bis zur Sundastraße?

X

Sie waren auf der Höhe von Amsterdam und St. Pauli. Manchmal steuerten sie Walfischfänger an, die hier in aller Ruhe und mit genügend Ellbogenfreiheit den Tran auskochten.

Die Raphaela gewann Anschluß an den Südostpassat, die Sundastraße war nicht mehr eine Utopie. Die stetige Brise erlaubte es, während der Nacht die Küste entlangzusegeln. Keine Klippen, keine Untiefen, steil hob sich die Landschaft aus dem Meer, hoch genug, auf eine Meile hin anvisiert zu werden.

Die Sundastraße war erreicht!

Sie segelten an der Küste Javas entlang und konnten die wuchtigen Kegel der Inseln Krakatoa und Sumatra sehen. Über dem in Kaskaden aufschwellenden Waldgrün schwammen in duftigem Blau die himmelsnahen Berge. Hier war die Provinz Bantam, hier ging es malerisch malaiisch zu. Es kamen jetzt sechs, nein sieben, acht Boote herangerudert, mit Früchten und Tieren beladen. Die Fahrzeuge quollen über von den mächtigen Dolden der Bananen, von Ananas, Kokosnüssen, Pampelmusen und Mangostien. Viele kleine Käfige waren aufgebaut, in denen javanische Vögel zwitscherten; farbenprächtige Sperlinge, auch bronzeglänzende Papageien gab es da, strahlendweiße Kakadus, eingesperrte Äffchen, und immer wenn eins von ihnen nach einem Kakadu langte, ließ dieser sofort seinen hochroten Kamm schwellen.

Unten in einem Boot lagen Schildkröten, daneben standen Zwerghirsche von der Größe eines Lammes. Die Ruderer boten Raubkatzen feil. Muscheln lagen aufgestapelt da.

Die braunen Malaien priesen ihre Ware an, schrien in allen Sprachen, die ihnen im Laufe der Zeit zugeflogen

waren, in Wortfetzen, aber doch so, daß sie allen zum Munde reden konnten. Sie machten glänzende Geschäfte. Die Seeleute zahlten ohne zu feilschen. Der Bootsmann wollte diesen Trend stoppen. „Seid ihr denn verrückt, so viel Vogelgetier, so viel Affen zu kaufen? Was meint ihr denn, wie sich der Hirsch da fühlt, wenn die Sturzsee kommt?“ Die Matrosen beteuerten, jedes der Tiere wie einen Augapfel zu hüten. Die Erfahrung aber lehrte, daß kaum der zwanzigste Teil der mitgenommenen Tiere lebendig in der Elbe ankam. Bei den fünf Dutzend Hühnern, die der Kapitän kaufte, war es wenigstens klar, daß ihr frisches, zartes Fleisch nach einer fast viermonatigen Seekost dem Skorbut entgegenwirken sollte. Es hatte am Schluß in der Crew kaum noch einen mit gesundem, trockenem Zahnfleisch gegeben.
Sie passierten Hunderte von kleinen Inseln, lichtgrüne Perlen, silbern eingefaßt, und die Bläue des Wassers als schwebenden Grund. Diese unbewohnten Eilande waren die Spitzen geheimnisvoll versunkner Gebirge, letzte Spuren eines hohen, in die Tiefe gezognen Festlandes.

Alle Städte Hollands hatten für diese Inseln ihre Namen herleihen müssen. Zwischen ihnen fuhren Boote von feinstem Schnitt, mit schön gebogenen Voluten an beiden Enden und mit Bambusmasten.
Sie näherten sich der Reede von Batavia.
Hier mußte es sich entscheiden! Diese Stadt war groß genug, ihn aufzunehmen, ihn verschwinden zu lassen.
Die Raphaela konnte aber nur in etwa einer Stunde Distanz vor dem Haupthafen liegen. Eine langweilige Ebene, mit angepflanzten, gleich großen Bäumen bestanden, trennte Achim vorerst von seinem Ziel. Dem Unentrinnbaren entrinnen, dem Unentrinnbaren entrinnen, mahlte es wieder in seinem Kopf wie damals, als er

sich von seinem Vater lösen wollte, von dessen Zielen, mit denen er ihn an sich zu binden suchte.
Viele Schiffe landauf und die Küste hinab, die meisten Holländer, doch auch einige deutsche. Irgendwo dazwischen trieb sich die Raphaela herum.
Bisher hatte er sie nur in Büchern gesehen, jetzt waren sie Wirklichkeit: die Dschunken chinesischer Herkunft, plumpe Riesen, zum Verwechseln ähnlich den hölzernen Vorfahren, die um das christliche Jahr Null die Stürme des Stillen Ozeans über sich hatten ergehen lassen. Die Form war geblieben, aller Fortschritt der Zeit spurlos an ihr vorübergegangen. Nur bei günstigem Wind konnten diese schwerfälligen Dschunken zwischen China und Java segeln, jährlich einmal. Den Kompaß besaßen diese Segler längst, sie hatten ihn ein halbes Jahrtausend vor der Zeit erfunden, als er in Europa üblich wurde – aber sie vertrauten ihm weniger als den beiden großen Augen, die an den Bug jeder Dschunke gemalt waren.
Bei den großen Stürmen, die aus dem Nichts aufstanden, wurden manchmal an einem einzigen Tag sechs- oder achthundert Dschunken mit zehn- bis zwölftausend Mann Besatzung in den Wellen begraben.

Bald nach dem Ankern fuhr der Kapitän mit seiner schnittigen Gig ans Land. War es Schikane, war es Auszeichnung, daß Achim in die Rudermannschaft des eleganten Fahrzeugs beordert wurde?
Zunächst trug sie der auflandige Wind als Segeljolle mit brisender Frische der Küste entgegen. Bald waren sie an einem ziemlich engen Kanal, der die Reede mit der Stadt verband, rechts und links an niedrigem Sumpfgelände vorbei. Da half nun nichts: sie mußten mit den Riemen nachhelfen. Die Windstille war total, die Sonne brühte ihnen alles Salz aus Stirne und Nacken. Eine halbe Stunde

dauerte die Schinderei. Der Kapitän schaute über Achim hinweg.
Die Landungsstelle war verstopft mit Booten, auf denen Malaien, Chinesen und Laskaren in dichtem Gedränge standen, gestikulierend, lautstark. In dem schlammigen Wasser wühlte eine Schar Ochsen. Die mächtigen Tiere duckten sich immer wieder hinein, um die Fliegen zu ersäufen, die ihnen das Fell zerbissen. Zwischen den Booten, den frachtbeladnen, und den kastrierten Javabullen badeten Malaiinnen und Malaien, Burschen und Männer, junge Mädchen, Frauen und Greisinnen.
Am Ufer sah man große, finstere Speicher, Erdaufschüttungen, die statt mit Palisaden mit breit und tief gezogenen Kaktushecken abgeschirmt waren. Die Luft zitterte, das Land war ein Glühofen. Es roch gleichzeitig nach verwesten und verbrennenden Körpern.
Trotzdem, sagte sich Achim, trotzdem!
Pay Andersen begab sich zu einem der wartenden Wagen. Sie waren mit temperamentvollen Ponys bespannt, denen die Glut nichts ausmachte. Nach Welltefreden, der Villenvorstadt, wollte Andersen fahren, wohin sich die Europäer des besseren Klimas wegen zurückgezogen hatten.
Batavia selber, so schien es Achim, bestand nur aus Schuppen, Stapelhäusern und häßlichen Geschäftsanlagen. Nicht ohne Neid, ja, mit einem Anflug von Gehässigkeit schauten die Matrosen dem davonfahrenden Kapitän nach. Sie mußten den erhaltenen Befehl ausführen und sich sogleich wieder an Bord begeben. Das bedeutete eine volle Stunde des handaufreißenden Ruderns. Nur einer winkte einer badenden braunen Nixe zu, die zwischen den Ochsenköpfen ihre Kapriolen schlug.
Vierzehn Tage schweren Löschens und Ladens. Die häßlichsten Wochen der Seereise lagen vor ihnen. Bis zum

Abend mußten sie Eisen schleppen, Kopra und Kautschuk, Teakholz und Tapioka. Der leere Schiffsbauch wurde bis zum Erbrechen gefüllt. Urlaub gab es fast gar nicht. Es war auch nur die eine Hälfte der Mannschaft auf einmal beurlaubt. Nach altem Herkommen hatte die Steuerbord-Wache, die vom Obersteuermann kommandiert wurde, den Vorzug. Achim gehörte zur Backbord-Wache.

Wenigstens hörte das Bootsrudern auf. Das ist nichts für Europäer, hieß es. Der Kapitän mietete malaiische Ruderer an. Er wohnte jetzt auf dem Festland und ließ sich täglich herüberrudern, um an Bord Anweisungen zu geben. Abendliche Besuche bei Landsleuten auf den andern deutschen Schiffen waren erlaubt.

Unerwartete Ankunft von Briefen aus Deutschland! Die Post war uralt, aber das störte keinen. Bei der Verteilung hieß es auf einmal: „Joachim Reinhart". Der Name mußte zweimal aufgerufen werden.

Es war eine ihm unbekannte Schrift. Schrecken und Spannung, dann ärgerliche Heiterkeit. Den Brief hatte Ludwig Nowak geschrieben und von der javanischen Post befördern lassen. „Du weißt, ich schätze dich sehr", schrieb Nowak. „Vergiß das nie, mein Junge, Kopf hoch!"

Die Hafenpolizei hatte verboten, aus den Brunnen und den primitiven Leitungen zu trinken. Alles Wasser mußte erst abgekocht und mit Tee zubereitet werden. Bei der Hitze kühlte der Tee nur langsam aus. Achim gewöhnte sich rasch daran, den brennenden Durst mit warmer Flüssigkeit zu stillen. Die Verpflegung war gut. Sie bekamen täglich frischen Proviant, gebackene Hühner, geschmortes Hammelfleisch, gesottene Schildkröte, dazu süße Kartoffeln und Yams. Jeden Morgen kam ein chinesischer Händler mit Früchten und Eiern, für die er nur wenig Münze verlangte. Ein besonderer Leckerbissen

waren für Achim in Butter gebratene Bananen. Er genoß, er schleckte sie, er vergaß in manchen Augenblicken das Beschwerliche, oft Trostlose seiner Situation.
Vor seiner Kiste kniend, bei einem Lichtstümpfchen, begann er, wie schon einmal, an seine Mutter zu schreiben. Ich weiß, daß du lebst. Du mußt leben! – Nein, das war zu töricht. So konnte er doch nicht seine Mutter anreden, geradezu überfallartig. Und der Versuch, ihr Unbegreifliches klarzumachen, erlahmte.
Da war plötzlich Nowak bei ihm. „Wie schön, Jochen, daß du einen Brief an mich schreibst, eine Antwort."
Achim war aufgesprungen. „Geh zu deiner Koje", befahl er heftig.
„Du hast mir einmal versprochen, das Gedicht aufzuschreiben, das du deinem Vater unbedingt wegnehmen wolltest. Und dann stürzte er –"
Der Junge schwieg.
Nowak wiederholte seine Bitte dringlicher.
„Gut, ich werde das Gedicht aufschreiben", versprach Joachim. Am nächsten Tag reichte er es dem Matrosen.
„Du bist gemein", sagte dieser.
Achim lachte kurz. Er hatte das Gedicht aufgeschrieben, aber in griechischen Buchstaben.
Nowak sagte nur leise: „Hüte di, Achimke!" Das zerrissene Blatt fiel in weißen Flocken auf das Wasser.

Immer gegen Mitternacht begann ein Gewitter, rollte zwei bis drei Stunden über ihren Köpfen. Unten im Logis kamen sie um vor Hitze. Aber das war's nicht allein: Die Wanzen bissen an ihnen herum, am ganzen Leib, von den Sohlen bis zur Schwarte des Kopfes. Der Kapitän ließ es zu, daß sie sich aus altem Segeltuch Hängematten anfertigten und auf Deck schliefen, vorn auf der Back unterm Sonnensegel. Solange das Wetter trocken blieb, ging alles gut so. Sie spannten Taue über die Hängematten und befestigten an ihnen zeltartig wollene Decken. Diese wurden aber von dem allnächtlichen Gewitterregen zuerst durchweicht, und dann pladderte es aus dem Sonnensegel. Schließlich lagen sie unter einem Trommelfeuer von harten Regenschnüren und wild dreinzuckenden Blitzen. Die Stimmung war danach. „So 'n Sauwetter, da ist ja nicht nur das Hemd, da ist ja auch die Haut zum Auswinden naß!"

Ludwig Nowak konnte es sich nicht verkneifen und durchbrach die Distanz, um die sich Achim so bemühte, er zischte ihm zu: „Ich weiß, was du vorhast. Ich weiß, daß du in Batavia bleiben, mir und dem Kapitän entwischen möchtest. Ich glaube nicht, daß dir das gelingen wird."

Todmüde von all der Schlepperei, von der Hitze in den Knien und fast schon in den Knochen weich, standen die Männer vor den Schlafmatten und hatten kaum die Kraft, hineinzuklettern, da schlug, früher als sonst, die allnächtliche Gewitterböe los. Der Wind kam zwar über Land, wühlte jedoch die See so rauh auf, daß die Raphaela vor ihrem Anker zu stampfen begann. Das Großboot war ausgesetzt, hinter dem Schiff befestigt. Das war so der Brauch bei den Handelsschiffen, wenn sie laden oder löschen, damit die zum Frachtraum führende Luke frei war, auf der sonst in See das Boot steht.

Durch die schweren Stöße, mit denen das Boot in die kurze See ruckte, brach die Fangleine, und das Fahrzeug trieb seewärts.

Der wachhabende Matrose meldete den Verlust dem Steuermann. Der befahl, die Männer sollten eines der Seitenboote, die Schaluppe, zu Wasser lassen. Das Seitenboot war leichter gebaut und somit schneller. Richtig bemannt, konnte es das Großboot wieder einfangen. Aber wer wollte nach den Schindereien dieses Tages die Schaluppe in Bewegung bringen und in Bewegung halten? Bei Kriegsschiffen gab es in der Crew eine besondere Abteilung dafür. Man schonte sie sonst, hielt sie als Reserve.

Bei einem Schiff wie der Raphaela war es ungeschriebenes Kommando, daß die Jüngsten ohne besonderen Befehl einsprangen. So war Achim, ehe er es richtig bedacht hatte, mit drei Leichtmatrosen und dem Untersteuermann in der Schaluppe. Der Untersteuermann, unterster Offizier, also im Range über einem Unteroffizier des Landheeres, ging ans Steuer. Die vier Männer ruderten. Kaum jedoch war das Boot in See, als von allen Seiten Wasser in die Schaluppe eindrang. Allzulang hatte sie in der brennenden Sonne dagehangen, unbeaufsichtigt, ungepflegt. Sie war knacktrocken geworden, und das bedeutete, daß zwischen den Planken die Nähte zu klaffen begannen. Niemand hatte daran gedacht, regelmäßig Wasser einzugießen, damit die Bootsböden bedeckt und gegen das Austrocknen geschützt wurden. Die Lade- und Löschzeit sollte möglichst kurz gehalten werden. Darum hatte man die Männer so ausgepumpt.

Der Bootsmann hätte es anordnen müssen, dachte Jo. Es war seine Angelegenheit. Sie stießen vom Schiff ab. Ein paar Eimer wurden ihnen zugeworfen, denn sie mußten schöpfen, schöpfen. Zwei ruderten, zwei hantierten mit den Gefäßen, aber sie hatten sich noch keine hundert Schritt von der Raphaela entfernt, als das Wasser schon bis unter die Sitzbänke gestiegen war und sie bei dem Seegang kaum noch die Ruder gebrauchen konnten.

Die Situation war nicht nur unangenehm, sie war ernst. Wie sollten sie gegen Wind und See das Schiff wieder erreichen? Es war stockfinster, Regen und Wind drückten scharf, und die Schaluppe sank allmählich.

„Was ist das?" fragte einer und zeigte auf zwei mattfeurige grünliche Streifen, die sich im Wasser bewegten. Der Untersteuermann erkannte sofort: die Streifen sind das Kielwasser von zwei Haien.
Keiner sagte etwas. Nun hieß es, koste es was es wolle, die Schaluppe flott zu halten. Sank sie noch einige Zoll tiefer, so war es mit den fünfen aus. Vorläufig leckte die See nur hinein. Wenn sie aber erst spülte und sich hinein ergoß, war der Untergang nicht aufzuhalten.
Also kein Rudern mehr, sondern sich treiben lassen und schöpfen, schöpfen, schöpfen! Die Eimer genügten nicht für die acht Hände. Die Männer schöpften auch mit den Ölhüten und sogar mit den Handschalen. Der Wasserspiegel im Boot senkte sich nach und nach. Vielleicht hatten sich auch die Planken etwas zusammengezogen. Noch eine Viertelstunde, und es genügte, daß immer nur zwei von der Mannschaft ständig weiterschöpften. Die ausgehängte Schiffslaterne war nicht mehr zu sehen. Die Böe hatte nicht nachgelassen. Die Blitze flammten. Die Männer schöpften, die Männer ruderten.
Die Schaluppe flog vor dem Wind und der See ohne Masten und Leinen dahin wie ein Wasservogel. Wohin? Das wußte keiner. Hätte wenigstens ein Stern die schwarze Himmelsdecke durchstochen, um die Richtung zu zeigen! Sie konnten nur vermuten, daß sie gegen Sumatra hin verschlagen wurden. So schnell auch das Boot die anbrandenden Wellen durchschnitt, durch die schwärzliche Nacht dahinsauste: die Haie und das grüne Feuer ihres Kielwassers hielten mit ihm Schritt. Bald fuhren sie nebeneinander, bald umkreisten sie getrennt in nächster Nähe die Schaluppe.
Eine dreifach tödliche Gewalt: das Wetter, das Wasser und die beharrlichen Haie.
Es ist alles zu Ende, sagte sich Achim, schöpfend. Die

Qual hört auf. Nowak verliert sein Spielzeug. Auf eine abstrakte Weise war er mit seinem Untergang einverstanden. Er löste einen Ruderer ab. Aber im Kern seines Wesens wollte er nicht untergehen. Etwas in ihm betete um Errettung: Dieses eine Mal noch!

Die Blitze, die Schläge des Donners, die mächtig lärmenden, überbrechenden Wellen – alles war eine ununterbrochene Drohung, wollte die Schöpfenden und Rudernden nicht zu Atem kommen lassen.

Sie hatten die Haie nicht abhängen können. Wie die schnellsten Schiffsschrauben bohrten sie sich durch das Wasser. Die Wendungen in der Flut waren ihnen vertraut. Ihre Körper paßten sich virtuos den Wasserwirbeln an.

Vielleicht kann ich ihn oben um Verzeihung bitten, dachte Joachim. Vielleicht gibt es ein Überleben oder doch ein Weiterleben in anderer Form.

Auferstehung des Fleisches – aber wie? Im Schlund, im Magen, im After der Fische?

Jetzt stand das Firmament über der See wie ein Flammenmeer. Die Elektrizität hatte sich gesammelt, und die Welt war tageshell. Es folgte ein furchtbarer Schlag. Jeder meinte, die Schaluppe sei getroffen, aber beim Aufblenden des nächsten Blitzes sahen sie ganz in ihrer Nähe das abgetriebene Großboot, rechts voraus. Eine Täuschung war ausgeschlossen. Sie trieben anscheinend nicht nordwestlich nach Sumatra, sondern westlich. Der Wind mußte sich gedreht haben. Neue Hoffnung! Wenn Sie das Großboot erreichten, konnten sie sich vielleicht hinüberretten. Dann hatten sie wieder festen, nicht leckenden Boden unter ihren Füßen. Das Großboot war der See gewachsen, und sie konnten es so dirigieren, daß sie hinter den Inseln Schutz fanden. Aber selbst wenn sie an den Strand geworfen würden, wenn sie nicht frei kämen, so

wäre das noch erträglich, da es hier keine Klippen gab, sondern feinkörnigen Sand.
Der Steuermann brachte sie geschickt längsseits des Hauptbootes, das ohne Riemen nicht so schnell vorankam, weil es weniger Windfang hatte als die Schaluppe. Achim war dazu bestimmt worden, mit der Fangleine hineinzuspringen. Einen Moment lang schloß er die Augen. Dann sprang er hinüber, schaffte es, legte den Hanf um eine Ducht, verringerte den Abstand und ermöglichte den anderen den Einstieg.
Alles, was sich lose in dem kleineren Boot befand, wurde herübergereicht. Einer mußte als Letzter in der Schaluppe bleiben. „Noch ein Riemen !" rief jemand. Und ein anderer: „Mein Südwester!" Alles war nun umgebootet. Der Leichtmatrose Jensen setzte den Fuß auf die Kante, um sich auch hinüberzuretten. In diesem Augenblick rollte unerwartet wieder eine schwere See heran, drängte sich zwischen die Vorderteile der beiden Boote und riß diese so weit auseinander, wie die Fangleine es zuließ.
Der Mann verlor das Gleichgewicht und stürzte zwischen die Fahrzeuge, verschwand im Wasser. Drei Mann sprangen hinzu, reichten Bootshaken und Riemen hinaus. Doch keine Hand griff danach. Ein markzermörsernder Schrei riß die Dunkelheit auf. Achim spürte das Blut in den Adern steif werden. Da waren sie wieder, die beiden matt leuchtenden Streifen, und der Matrose hatte nicht mehr Zeit, noch einmal sein Entsetzen und seine Qual hinauszuschreien.
Sofort ließ das Unwetter nach. Plötzlich war der Regen verronnen. Die Blitze suchten das Weite. Mein Gott, wie hatte das geschehen können? Der Donner war nur noch gedämpft zu hören. Der Wind hörte ganz auf. Es wurde hell. Eine Insel lag vor ihnen. Sie konnten anlegen.

Sie streckten sich in ihren nassen Kleidern auf dem nassen Boden aus, versuchten zu schlafen. Achim konnte es nicht, seine Erschöpfung war zu groß. Manchmal schüttelte ein verspäteter Windstoß die Krone des Baumes, unter dem er lag. Aus der Ferne waren Pfiffe zu hören wie von einem gemütlich dahinfahrenden Eisenbahnzug. Die Pfiffe gingen für Achim in den gellenden Schrei des fünften Mannes über, des Leichtmatrosen, der so kräftige Muskeln gehabt hatte. Anders war es gewesen als bei Heinrich Petersen, dem sommersprossigen Jungen von der Insel Föhr. Und doch: Hatte er, Achim Reinhart, nicht auch an diesem Unglück mit Schuld? Er hätte der Fangleine etwas mehr Spielraum lassen müssen. Aber die Natur war so heimtückisch gewesen und hatte unerwartet diesen schweren Brecher zwischen die beiden Schiffskörper geworfen. O Jensen, Kamerad!
Gegen Morgen schlief Joachim ein. Beim Erwachen azurne Bläue, die See spiegelglatt. Alle hatten brennenden Durst. Sie bahnten sich einen Pfad durch das Gebüsch. Sie entdeckten einen Tümpel mit Wasser. Aber ein breiter Streifen Morast trennte sie davon. Das kostbare Naß schien unerreichbar. Man würde bis zu den Hüften einsinken. Sie schnitten mit ihren Messern Zweige ab, banden sie zu Faschinen, warfen sie in die weiche Masse, legten die losen Ruderbänke und die Bodenbretter der Boote darauf, Stück an Stück. Diese Arbeit dauerte Stunden. Sie schoben sich nacheinander auf dem Bauch über den schwachen Steg. Jetzt war Joachim an der Reihe. Die Haut des Wassers mußte abgestreift werden. Bräunliches, lauwarmes Naß. Joachim schlürfte es. Und wenn es sein Leben kostete – alles, nur nicht mehr länger diesen Durst ertragen müssen, der seine Krallen in die Eingeweide schlug!
Am Horizont waren die Mastspitzen ankernder Schiffe zu

sehen. Die Landbrise verkam. Vor dem Aufbruch wurde mit den Händen aus dem flacher gewordenen Tümpel ein Eimer vollgeschöpft. Zu essen gab es nichts außer Schnecken und an den Strand geklatschte Muscheln. Niemand hatte recht Hunger. Sie ruderten in der Schaluppe, das Großboot im Schlepptau. Als die Brise kräftig auffrischte, versuchten sie Mast und Segel zu improvisieren. Die Betakelung war nicht in den Booten, so banden sie Riemen zusammen als Mast. Die Fangleine wurde aufgerebbelt. Als Segel nahmen sie kurzentschlossen ihre Hemden.

Es war eine sonderbare Takelage, aber sie segelten damit platt vor dem Wind und langten erst am späten Abend nach fast vierundzwanzigstündiger Abwesenheit bei der Raphaela an.

Die Leute standen am Fallreep. Sie hatten schon von weitem gesehen, daß der fünfte Mann fehlte. So war die Begrüßung einsilbig.

Nachher sagte Hinrichsen zu Achim: „Es konnte ja nicht anders sein, es traf Jens Jensen. Weißt du noch, Schweizer, wie ihr in der Gewitternacht bei der Linie die Bramsegel festmachtet und wie das Elmsfeuer zuerst bei dir im Großtopp war und dann zu Jens nach dem Vortopp flutschte? Das war der Heinrich, denn diese blauen Feuerkugeln zeigen sich nur auf Schiffen, wenn sie durch Unglück einen Mann verloren haben. Und warum? Weil das Begräbnis unzulänglich war. Das ist nichts für echte Christen. Aber was soll man tun? Als sich die Flamme dem Jens auf die Schulter setzte und sein Gesicht anleuchtete und er aussah, als hätte er schon lang im Grabe gelegen, da wußte ich, wer als Nächster drankommen würde.“

Er wandte sich von Joachim ab, lehnte über der Verschanzung und blickte über Bord.

Da trotz aller Plackerei das Löschen und Laden nicht schnell genug ging – man wollte ja noch vor dem Winter von neuem aus Deutschland auslaufen –, wurden zwanzig Malaien zur Hilfe an Bord geschickt. Sie waren sehr braun und ziemlich faul. Weil der Ankerplatz so weit vom Land entfernt lag, blieben die Männer auch nachts an Bord. Sie richteten sich ein Zelt mit einem provisorischen Herd ein, verpflegten sich mit Reis und mit den zerstampften Schoten spanischen Pfeffers. Einige Yams und Fische, die ohne Fett am Feuer geröstet wurden, bildeten die Zutat. Alkohol lehnten sie ab. Die Männer der Crew lobten sie fast bewundernd wegen ihrer mohammedanischen Charakterfestigkeit.
Der erste freie Tag in all diesen Monaten, der Urlaubssonntag, kam heran. Die abenteuerlichsten, die absonderlichsten Pläne kreuzten durch Joachims Hirn. Es war soeben das holländische Linienschiff „Kortena" eingetroffen, das er aus Helvoetsluys kannte. Und welch eine Genugtuung für ihn, daß der Kadett Jan, der Sohn des deutschen Konsuls, gleich die Verbindung mit ihm aufnahm! Der feine Kerl hatte ihn also nicht vergessen. Im Gegenteil, er lud ihn zu seinen Verwandten nach Welltefreden ein, in das vornehme Europäerviertel Batavias. Dieser Sonntag würde die Entscheidung bringen! Vielleicht war es den Verwandten möglich, ihm irgendwie bei der Flucht zu helfen, beim Weiterkommen oder beim Zurückbleiben, je nach den näheren Umständen.

Am Samstagnachmittag erreichte seine Vorfreude, die geheimgehaltene Spannung einen ersten Höhepunkt. Wenige Stunden danach spürte Achim ein merkwürdiges Ziehen in allen Gliedern. Da war eine Mattigkeit, ein bleiernes, kurz blitzendes Reißen, und im Nu entwickelte sich übermäßige Wärme, quälende Bluthitze, ein falsches,

gefährliches Glühen aller Säfte, den Körper hinauf und hinab.
Die erfahrenen Matrosen sahen einer nach dem andern mit bedenklichen Mienen den Jungen an, der plötzlich keinen Willen mehr hatte, sondern mit hochrotem Gesicht in seiner Koje lag. Nowak griff ihm immer wieder an den Puls. Der Kapitän, die Offiziere, aber auch der Bootsmann beschlossen einstimmig, den Kranken sofort ins Hospital befördern zu lassen. „Es ist das Klimafieber“, versicherten sie einander. Es konnte ja nicht gut ausgehen.
Als Achim ins Hospital getragen und dort gebettet wurde, wußte er von allem nichts. Zwölf Stunden später wachte er auf. An seinem Bett stand der deutsche Oberarzt des holländischen Krankenhauses, ein menschliches Gesicht voll freundlicher Besorgnis. Joachim empfand den Anblick als Wohltat und ließ sich wieder in die rotglühende Fieberdämmerung sinken.
So verging der Urlaubssonntag und auch noch der Montag. Erst am Dienstag hatte sich das klare Bewußtsein hervorgearbeitet. Alle Stärke war dahin, todesmatt lag der Junge da, aber die schlimmste Gefahr schien beseitigt.
Der Kadett Jan durfte ihn besuchen. Er brachte sogar einige Bücher von den Verwandten mit, herzliche Grüße dazu. Aber alles war verfrüht, die Mattigkeit war zu groß.
Am sechsten Tag ging es ihm etwas besser. Am Sonntagvormittag war Jan wieder da. Die Uniform hatte für Achims geschwächte Augen etwas Störendes, blendete ihn fast. Aber nett von ihm, daß er gekommen war – sein besseres, höheres Selbst. Freilich erzählte er ungeniert laut, ohne auf Achims Schwäche Rücksicht zu nehmen, von den Scherereien mit den Marinern, von den Häfen, die sie angelaufen hatten, von hübschen Mädchen, und er vergaß auch nicht, seine Verlobte zu erwähnen. Seine Sprechweise war noch knapper geworden, fast im

Staccato, und er würzte mit viel Spott seine Schilderungen. Als er sich verabschiedet hatte, war Achim sehr angestrengt. Er hatte jetzt nach niemandem Verlangen.
Und es besuchte ihn auch niemand mehr, nicht einmal der alte Bootsmann Hinrichsen. Das freilich gab Achim zu denken, enttäuschte ihn ein wenig, erfüllte ihn aber auch mit Trotz. Es machte ihm den Entschluß, an Land zu bleiben, noch leichter. Die Raphaela konnte ja nicht auf ihn warten. Es war alles gelöscht und geladen.
Zufällig bemerkte Achim durchs Fenster den Kapitän, der auf das Hospital zuging. Wollte er ihn abholen? Achim konnte dem eintretenden Arzt gerade noch sagen: „Ich fühle mich sehr schwach. Ich werde noch nicht fahren können." So blieb Achim die Visite des Kapitäns erspart, und der mußte ohne ihn in seine Gig steigen.
Am nächsten Morgen aber erschien zum ersten Mal Nowak. Er bezeichnete sich als Delegierten der Raphaela. Er handele im Auftrag des Kapitäns. Es sei durchaus denkbar, sagte er dem Arzt, daß der Schiffsjunge Achim eine Zeitlang geschont werde und ohne Tätigkeit in seiner Koje liege. „Er hat doch nicht mehr Fieber, nicht wahr?"
„Sein Fieber ist heruntergegangen", antwortete der Arzt.
„Eben, das meine ich." Und dann trat Nowak in das kleine Zimmer, in dem heute außer Achim niemand lag. Er hatte das Gespräch zwischen Tür und Angel mitangehört, war alarmiert.
Mit zwei großen Schritten kam Nowak an Achims Bett.
„Nun, wie geht es unserm goldigen Patienten? Alles fragt nach dir, alles vermißt dich! Ich höre grade vom Oberarzt, daß du sehr schonungsbedürftig bist, mon cher. Ah, wir werden dich behandeln wie ein rohes Ei. Da guter Wind zu erwarten ist, läßt die Arbeit nach. Wir nehmen frischen Proviant mit – das reinste schwimmende Schlaraffenland. Nun, was sagst du dazu?"

Achim sagte nichts.
Ludwig Nowak plauderte in derselben Tonart weiter. Er kam vom Hundertsten ins Tausendste und kreiste doch immer um den einen, den einzigen Punkt.
„Du strengst mich an“, sagte Achim, „ich möchte Ruhe haben.“
„Die wollen wir dir ja geben. Auch unser Kommandant ist froh, daß du's geschafft hast. Die Verluste sind groß genug. Erst Heinrich, dann Jens –“
„Warum kommt Hinrichsen nicht?“
„Tja, den hat es selber gepackt. Der liegt schon drei oder vier Tage und sieht im Gesicht aus wie Himbeerpudding mit Moosstoppeln. Er spricht von dir, er möchte dich sehen.“
Achim ging ein wenig das Herz auf. Aber er schwieg.
„Ich habe gute Nachricht aus Iserlohn. Denkst du, ich geh jetzt noch von deiner Seite? Ich hab mir diesen Auftrag, dieses strikte Kommando vom Kapitän verschafft. Der weiß, daß du auf mich hörst. Er kann es nicht riskieren, ohne dich abzufahren. Drei Mann minus, das geht nicht. Das gibt seiner schrägen Karriere den Rest. Daß mit dir nicht alles stimmt, Jochen, das weiß er längst. Er tippt aber wohl in der falschen Richtung.“
„Du ekelst mich an“, sagte Achim und blickte zur Wand.
„Also, ich bleibe, bis du aufstehst, und ich werde einen Transport mit Hilfe des Arztes organisieren.“
„Wenn ich je wieder auf dem Schiff sein sollte und es kommt der nächste Sturm, dann gehst du über die Reling, Nowak.“
„Natürlich, Schätzchen“, sagte dieser, „das will ich gerne tun, aber nur Brust an Brust mit dir. Denn ohne dich . . . –“
Achim schloß die Augen, konnte aber in seiner Schwäche das Zucken der Lider nicht verhindern, und so schaute er

schräg zu Nowak hin, legte alle Kälte und Verachtung in diesen Blick.
„Du stolzes Aas“, sagte der nur noch, „du stolzes Aas.“
Und er ging.

Sie brachten den Jungen im Wagen an die Küste. Es war der Sonntag nach dem Urlaubssonntag.
Die Gig wartete schon, zwei Männer halfen ihm die Fallreepstreppe hinauf, einer war Nowak. Er packte fest und behutsam zu.
Joachim war, als täte er genau das Falsche, aber er hatte unterwegs nicht ausbrechen können. Er wußte, daß er in die Gefangenschaft der Bark zurückkehrte, aber gleichzeitig spürte er, daß es doch richtig war, diesen unvermeidlichen Fehler zu begehen.
Und sei es auch nur, um Peter Hinrichsen, den Bootsmann, wiederzusehen.

XI

Die Raphaela bereitete sich vor, den Anker zu lichten. Peter Hinrichsen, der kräftige graue Mann, hatte sich in dieser Woche sehr verändert, lag als ein Bündel fiebernder Muskeln und Sehnen da. „Wäre ich nicht selbst so elend auf den Strand gelaufen, Achim, dann hätte ich dich doch besucht! Was denkst denn du?" Der Junge schüttelte den Kopf.

„Unbedingt hätten Sie kommen müssen, Bootsmann. Nicht als Besucher, sondern um sich auskurieren zu lassen."

„Nun fang du nicht auch noch an", wehrte sich der Kranke. „Nie in meiner ganzen Existenz bin ich in einem Hospital gewesen. Das ist nichts für Peter Hinrichsen."

Auf so einem Kauffahrteischiff konnte man einen Kranken kaum pflegen. Und die Mannschaft dieser Bark war ohnehin reduziert. Man sorgte sich schon jetzt, wie die Passage am Kap zu nehmen wäre. Der Kapitän war nicht nur selbständige Justiz an Bord, er hatte auch alle medizinischen Angelegenheiten zu regeln. Aus einer Kiste suchte er die Arznei heraus, die ihm zu passen schien. Er hatte ein kleines, fleckiges Buch, darin er manchmal unwirsch blätterte. Krankenkost? Im allgemeinen Erbsen mit Salzfleisch. Wer das nicht vertrug, konnte sein Interesse an einer Reissuppe anmelden.

Sie setzten sich in Fahrt. Obwohl es ihm der Arzt verboten hatte, wollte Achim mithelfen, nicht nur beim Bootsmann. Aber auch ihn beutelte noch die Schwäche, besonders in den Oberschenkeln. Er war zwar im Augenblick fieberfrei, aber das bedeutete noch nicht, daß er ausgeheilt war. Die Hände wollten nicht so, wie er es wollte. Apathie saß in den Gelenken, und unversehens begannen sie zu zittern.

Die Matrosen sprachen von der „Ariadne", der Ober-

deckskorvette, die im vergangenen Jahr auf der Danziger Werft zusammen mit den Avisos fertig geworden war. Sie hatte einen Dampfkutter an Bord. Man konnte in ihn umsteigen, wenn es galt, die Seestraßenräuber in ihren Buchten und Schlupfwinkeln aufzusuchen. „Sie sind feig, die Chinesen“, sagte einer, „hat man sie aber gestellt, so werden sie im Nahkampf lästig.“
„Du meinst tapfer“, sagte Achim.

Die Schönheiten der Natur von Anjer waren ihm gleichgültig. Dumpf lebte er in den Tag hinein. Zu Nowak sprach er weder ein gutes noch ein böses Wort. Oft mußte er sich in seiner Ermattung hinlegen. Dann trieb es ihn wieder zum Bootsmann. Der scherzte noch, aber das Fieber war gestiegen. Er nahm nichts zu sich außer etwas Wein mit Wasser, und er ließ ihn sich nur von Achim einflößen.
„Hättest zu mir Vertrauen haben sollen“, brummelte er. „Weiß ja, daß mit dir manches nicht so ist, wie es sein sollte. Aber zu Nowak hattest du Vertrauen. Dem erzählst du alles.“
„Sie sollen doch nicht so viel sprechen, Bootsmann.“
„Kein Vertrauen zu mir! Nur zu diesem – diesem –“
„Es war ein Zwangsvertrauen, Herr Hinrichsen. Es ist nicht so, wie Sie denken.“
„Zwangsvertrauen? So was kannte ich gar nicht. Ist wohl was von deinem Gymnasium.“
Am vierten Tag hatte Hinrichsen einen heftigen Anfall. Danach war er ruhiger und sogar wieder etwas bei Kräften. Der regelmäßige Atem ließ hoffen, daß die Krise über den Höhepunkt hinaus sei.
Achim torkelte zu seiner Koje. Immer wieder erzürnte ihn der Gedanke, daß ihn Nowak zur Mitfahrt gezwungen hatte. Mit niemandem konnte er über seine Lage

sprechen. Sobald aber Hinrichsen genesen war, wollte er ihm alles anvertrauen, ihn um Rat bitten. Am nächsten Morgen lächelte ihn Hinrichsen mit schalkhaften Augen an. „Das war wohl schwer, als ihr in der Schaluppe dahinfegtet. Ich meine, du warst schwer im Druck. Das reine Wunder, daß du wiederkamst. Ich sehe direkt, wie dir die Büxen killen."

„Sie haben mir nicht mehr geflattert als den andern", sagte Achim verdrossen. „Im übrigen wäre es mir auch egal gewesen."

„Was faselst du denn da?" entrüstete sich der Kranke. „Du hast noch eine große Zukunft. Du wirst Bootsmann werden und Steuermann und dann vielleicht sogar ..."

Er mußte wieder etwas ausruhen. Dann fügte er hinzu: „Und immer mehr gibt es von diesen Dingern, diesen Doppelschraubendampfern. Da fahren die ohne Takelung! Was ist mit ihren Masten? Das sind höchstens noch Kransäulen, oder für die Flagge sind sie da, fürs Signalisieren. Ich aber sage: mein guter Junge, ohne das Leinen ist es nur halb, ist es gegen die Natur, ist es unmenschlich. Nur Dampf und Geknatter. Nein, Jochen, nein."

„Aber die ganz großen Schiffe können doch nicht unter Segel gesetzt werden. Wir müssen mit der Zeit gehen, Bootsmann. Da hilft alles nichts."

Den Tag über sparte Hinrichsen seine Kräfte, dann gab er sich einen neuen Anschwung. „Jetzt hör mal zu, Jochen. Es ist mit mir vorbei. Morgen oder übermorgen werde ich in Gottes Keller liegen."

„Nein, nein!" wehrte sich Achim. „Was denken Sie denn, ich brauche Sie doch!"

„Sage dem Zimmermann, er soll von den zweizölligen Planken nehmen und die Sache ohne Eile, aber auch ohne Getrödel zurechthämmern. Ihr müßt es dann gut

beschweren. Die Haie sollen nicht herankommen. Das verbitte ich mir. Es muß gut sinken."
„Aber, aber, Bootsmann", stotterte Joachim, „was reden Sie da? Die Krise ist vorbei."
„Was ich hinterlasse, bekommen die städtischen Armen, da es ja keine Angehörigen mehr gibt. Der Kapitän weiß schon Bescheid. Und was noch? Weiter ist nichts zu bestellen. Das andere habe ich vorhin mit dem lieben Gott selbst klar gemacht. Und merk dir das: Wenn du nach oben gehst, halte dich immer an den Wanten fest, nie an den Webeleinen, die könnten leicht brechen."
Das Ende war da. Achim wollte aufspringen, die andern rufen. Er beugte sich zu dem Mann hinunter, hörte noch ein paar Worte, aber sie kamen schon aus der Verwirrung. „Die hohen Berge – du kletterst und kletterst – grüß die Heimat, Schweizer."
Ein kurzes Schnarren und Röcheln. Die Glieder streckten sich. In diesem Augenblick schlug es acht Glas, Mitternacht. Der Matrose, der die Freiwache weckte, sang sein: „Los aus Quartier in Gottes Nam'!" Das kam leise und mächtig in die Logiskappe hinunter. Achim zog mit beiden Händen zugleich die Lider über die einst so scharfen Augen des Walfischfängers. Es war Hinrichsen nicht geglückt, von jener kostbaren Zunge etwas zwischen die Zähne zu bekommen. Dieser Tag war der Anfang seiner Niederlage gewesen. Es geschah nun aber alles genau nach seinem Wunsch. Man gab das Signal zum Stillstand des Schiffes.
Alle waren versammelt. Keiner nahm es dem Kapitän übel, daß er ein so verbissenes Gesicht machte. Mit harter Stimme sprach er das Vaterunser. Jeder Satz war wie ein polternder Erdbrocken. Dann wurde die Truhe auf die Reeling gehoben und an den Stricken langsam in die schimmernde Bläue hinabgelassen. Tiefer und tiefer sank

sie. Die Formen wurden undeutlicher. Jetzt war es nur noch ein fernes, dunkles Etwas. Blasen stiegen empor, mischten sich mit dem perlenden Schaum der nächsten Welle.
Es wurde voll gebraßt, das Schiff lenkte wieder in seinen Kurs. Die Männer gingen an ihre Arbeit. Einige Tage lag es wie ein trüber Schatten über der Raphaela, dann war alles wie sonst. Ein paarmal sprach man noch über Hinrichsen, was für ein fixer alter Kerl er gewesen sei. Dann hörte auch das auf.
Obschon sie drei Männer an die See hatten abgeben müssen, war die Enge des Schiffes nicht weniger spürbar als auf der Hinfahrt. Sie wuchs eher noch, und dazu kam die wachsende Vereinsamung. Nowak zählte nicht. „Wenn du mich noch einmal belästigst, melde ich es dem Kapitän", sagte Joachim, „egal, was dann kommt."
„Das wirst du nicht tun", entgegnete Nowak mit zweifelndem Blick.
„Du hast erreicht, was du wolltest, hast mich auf die Bark mitgeschleppt. Jetzt ist es genug." „Und Iserlohn?" fragte Nowak. Seine Augen hatten etwas treuherzig Flunkerndes. Achim ließ den Matrosen stehen. Der benahm sich fortan korrekt.
Im Dienst war Achim nicht viel wert, von neuem fiebernd, lag er in seiner Koje. Man überließ ihn sich selbst. Als sie das Kap der Guten Hoffnung passierten, tobte dort der Wintersturm. Alle mußten das ihnen Mögliche und mehr als das leisten. Achim fieberte im engen Logis. Der Durst riß ihn auf. Doch lag er wie gelähmt. Niemand zeigte sich, auch Nowak nicht. Er mußte aufstehen, um sich einen Trunk aus dem Wasserfaß an Deck zu holen. Der Wind scheuerte eisig an ihm, die Kleider wurden naß, es war zum Verzweifeln. Mühsam schleppte er sich zurück aufs Lager.

Von der Sundastraße bis zum Kap gab es den Passat in gerader Richtung. Er wurde noch durch die Starkströmung unterstützt. So waren sie schnell vorangekommen. Auch die Kapstürme bezwangen sie. Der Strom im Meer war günstig. Sie erreichten den Südostpassat. Mit ihm ging es dann zum Äquator. Alle schufteten, außer Achim. Bald würde man sich vom Nordost zu den Azoren treiben lassen, sobald die „Stillen" überwunden waren.

Das Leben an Bord war so einförmig, so sehr glich ein Tag dem andern, daß man seinen eigenen Namen vergessen konnte. Auf St. Helena wollten sie Trinkwasser an Bord nehmen. Sie segelten es in gutem Tempo an. Achims Zustand besserte sich. Er war wieder auf Deck, zum mindesten bei schönem Wetter.

Die Gesundheitsbehörde wollte zunächst keine Verbindung mit der ohnehin fast unzugänglichen Küste erlauben, da die Raphaela einen Toten gehabt hatte und ein Kranker an Bord war. Der Quarantänearzt untersuchte Joachim, erklärte sein Leiden als nicht ansteckend und gab die Verbindungen frei.

Aufhalten aber durfte und konnte sich niemand auf dem Eiland. Es stieg über 800 Meter aus einem Ozean auf, dessen Grund hier dreitausend Meter unter der Oberfläche lag. Die Luft war so durchsichtig, enthielt kein Partikelchen Staub, daß alles nahegerückt war, die Reihe der hellfarbigen Häuser zum Greifen nahe.

Die Raphaela mußte wie immer draußen ankern. Aber jedes Schiff, das auf der Reede lag, war völlig gesichert, denn der Felsenhafen ließ keinen Wind herein. Der Koch war früher einmal an Land gewesen und erzählte: „Der Wind pfeift hier nur durch die Mastspitzen, das Wasser kräuselt er kaum."

Boote kamen längsseits, Früchte wurden angeboten, aber

auch kleine, mit Muscheln beklebte Schachteln. Sie enthielten Erde vom Friedhof, vom Grab des Eroberers. Und Blätter der Trauerweide wurden feilgeboten, die das Kaisergrab überschattete. Jeder von der Crew kaufte eins der Souvenirs. Alles Mächtige zieht magisch an, besonders wenn es nicht mehr übermächtig ist, sondern nur noch leise Schauer von ihm ausgehen. Die Maßlosigkeit menschlichen Wollens fand hier auf St. Helena ihre Begrenzung, aber auch den Boden für neue Legenden. Dem selbsternannten Kaiser der Franzosen war es nicht mehr geglückt, sich nach seiner Niederlage bei Waterloo und Belle-Alliance nach Amerika in die Vereinigten Staaten einzuschiffen. Der Hafen von Rochefort war von englischen Kriegsschiffen bereits gesperrt. Es wurde dem Entmachteten diese Insel vulkanischen Ursprungs als Kerker zugewiesen, ein kleines Felseneiland, das um 1500 schon von den Portugiesen besetzt worden war, denen Holländer folgten und später dann die Britisch-Ostindische Kompanie.

Trotzdem, trotz allem, der Name Napoleon hatte immer noch die Kraft eines Fanfarenstoßes. Achim beschloß, bei seiner nächsten Seefahrt einige historische Werke mitzunehmen, ein paar Bücher über die Geschichte der Länder, die auf der Route lagen.

Die nächste Seefahrt? Ja, jetzt wußte er es: die See würde ihn nie mehr loslassen. Das Heimweh nach ihr war ihm, vielleicht sogar gegen seinen Willen, eingepflanzt worden und hatte schon tiefe Wurzeln geschlagen.

Es gab eine Unmenge Makrelen in der Bucht von James Town. Achim war immer noch schwach, auch im Magen. Die Männer der Raphaela fingen die blauen, streifigen Tiere, wobei vier Makrelenhaken zusammengebunden waren und einfach in die Masse hineingeworfen wurden. Was nicht frisch gegessen werden konnte, das wurde

geräuchert. Man hatte auch das Trinkwasser ergänzt. Also hieß es: weitersegeln, mehrere Monate mit Himmel und Meer wieder allein sein.
Die Chronometrie war in Batavia reguliert worden. So gab es damit keine Schwierigkeiten mehr. Monddistanzen, bei denen Achim hätte behilflich sein können, wurden jetzt nicht mehr beobachtet. Da er nur selten auf Wache ging, denn man schonte ihn sehr, verlor er allmählich die Kontakte mit den Männern der Mannschaft, soweit sie überhaupt bestanden hatten. Er würde für sie immer der Binnenländer bleiben und der Gymnasiast dazu. Immer noch kamen Nachwehen seiner Krankheit, und er flüchtete in diesen Zustand.
Was ihm der Kadett Jan als Lesestoff gebracht hatte, war nun ganz und gar zu Ende gelesen, sogar mehrmals. Auch die Geschichte der Insel St. Helena.
Endlich waren die Azoren erreicht, und sie fanden hier den erwarteten Westwind. In weiter Ferne zogen Corvo und Flore vorüber. Acht Tage später kamen sie auf die „Gründe". Das tiefe Blau des Ozeans ging in dunkles Grün und dieses in einen helleren Farbton über. Achim sog den Anblick in sich ein. Er spürte: diese Vielfalt in der unendlichen Weite, sie brachte ihm die Genesung. Was konnte ihn noch einengen, bedrücken? Er würde sich stellen, gleich in Hamburg oder dann in Lüdenfeld. Die Seefahrt hatte ihn frei gemacht, ihm so viel abverlangt, daß er keine Angst mehr hatte, was auch kommen mochte.
Nowak hatte sich neben ihn gesetzt. Achim wollte ihn nicht verjagen. Er fühlte sich so frei, daß er es nicht über sich brachte, ihn fortzuscheuchen, wie er es in letzter Zeit immer getan hatte. Ja, etwas wie Mitleid kam in ihm hoch. Da sagte der Matrose:
„Du siehst mich falsch, mein Junge. Nur kein Mitleid! Ich fühle mich wohl in meiner Haut. Ich bleibe viel länger

jung, wenn ich nicht heirate, mir diesen ganzen Haushalts- und Kinderkram nicht auflade. Meine Braut ist die See. Nur eins erbitte ich noch von dir, Joachim: Laß mich wissen, wie's weitergeht. Schreib mir doch. Du bekommst meine Adresse. Ich möchte gerne dein Freund sein. Ich war es wohl noch nie, so sehr ich es mir gewünscht habe. Ich wollte ja nur, daß du dich für mich interessierst. Ich wollte dich nie erpressen –." Er schluckte ein paarmal. Dies anhören zu müssen, war Achim so peinlich, daß er die Hand, die er dem andern hatte auf die Schulter legen wollen, wieder zurückzog.
Jetzt sahen sie deutlich die Küste Englands.

XII

Und nun Hamburg – diese Stadt der Türme, der Brücken, der Masten, der Schiffe und Schiffer, der Handelsleute und Seefahrer, die alte und doch ewig junge, sich immer wieder erneuernde und erweiternde Stadt beiderseits der Norderelbe, in die Alster und Bille fließen, die Stadt der Hanse, der Protestanten, offen für die Glaubensflüchtlinge, ob Calvinisten oder portugiesische Juden, aber auch für englische Kaufleute, Stapelplatz für alle Waren, weit hergeschifft, verschont geblieben vom Dreißigjährigen Krieg, sieghaft sich wehrend gegen eine dänische Belagerung Ende des 17. Jahrhunderts, von der Kontinentalsperre gewürgt und 1810 von den Franzosen vier Jahre besetzt und ihrem Lande einverleibt, zehn Jahre später Beitritt zum Deutschen Bund, aber die Eigenständigkeit wurde nicht aufgegeben, man schloß sich nur zögernd dem Bündnis mit Preußen an, nahm am Krieg nicht teil – jenem Krieg, dessen einen Tag der junge Straßburger Gustav geschildert hatte. Ja, Gustav hieß er. Und Börner war sein Vatername.

Langsam fuhr die Raphaela ein. Der Anker fiel. Der Hafenmeister ließ die Bark an den Pfählen festmachen. Kaum war sie vertäut, da legten auch schon die Hafenboote an mit Verwandten und Freunden der Crew.
Einen Augenblick stand Achim bei seinem Gepäck, obwohl er wußte, daß ihn hier keiner erwartete, jedenfalls kein Verwandter, kein Freund. Es war ein Gequirl von Dienstmännern, Zollbeamten, hoch beladenen Lastwagen, schnittigen Ein- und Zweispännern, Kindern und Frauen, Uniformen verschiedenster Farben und Schnitte, vor allem Matrosen, kommend und gehend, begrüßt, umarmt und umarmend, winkend zum Abschied – es war ein Gerufe, Lachen und Weinen, Leben in allen Formen.

Achim wollte nach Lüdenfeld fahren. Hier konnte er doch nicht zu einer Behörde gehen und sagen: „Haben Sie einen Augenblick Zeit? Ich bin der und der – ich habe mich strafbar gemacht.“ Nein, er wollte dorthin, wo er zwar das Geschehene nicht mehr ungeschehen machen konnte, aber wo er doch vielleicht ein wenig Verständnis finden würde. Er wollte sich nicht vor denen verbergen, denen er Leid zugefügt hatte, vor allem aber seiner Mutter wollte er gegenübertreten. Er hatte gelernt, Angst und Feigheit zu überwinden.

Er löste eine Fahrkarte vierter Klasse. Es war ein besonders warmer Tag. Die Fahrt des Zuges wurde immer wieder durch den Halt an vielen kleinen Stationen verzögert. Zweimal mußte er umsteigen. Er sah rauchende Fabrikschlote, geduckte Häuserreihen, dann wieder grüne Wiesen, abgeerntete Felder, die Heimat war da, aber er verglich alles mit der Landschaft des Meeres, eins schob sich übers andere, zwölf Monate hindurch hatte sie sich ihm eingeprägt. Gewiß, er wollte nach Hause, hatte aber auch Heimweh nach der See, dem Wellenspiel, dem Farbenspiel, nach der ihm nun schon so vertrauten, ja geläufigen Sprache, nach der straffen Ordnung. Es glast – drei Glas. Was war ein „Lümmel“? Das war etwas sehr Anerkennenswertes: der senkrechte Bolz im schwenkbaren Segelbaum. Seine Gabel paßt in das Auge dieses Baumes so exakt, so perfekt, wie sich Achim sein Leben aufbauen wollte. Einmal würde er ja auch von der Schuld befreit sein. Er hoffte nicht auf Wunder, aber er war bereit, die Schuld abzutragen, soweit wie möglich, und dann wollte er sein Leben aufbauen, neu aufbauen.

Er hörte den Matrosen Ludwig Nowak, dessen richtigen Namen er bis heute nicht erfahren hatte, wie er ihm Mut zusprach, gute Worte fand. „Mußt nicht immer die

Vergangenheit durchwühlen. Zukunft, Jo! Zukunft! Laß den Vater ruhen, laß ihm seinen Frieden."
Sollte er nicht zuerst das Grab aufsuchen, mit seinem Vater dort stumme Zwiesprache halten, ihn um Verzeihung bitten? Hinter seinem Rücken, in der nächsten Sitzreihe, unterhielten sich zwei Halbwüchsige, und der eine fragte den andern, was er werden wolle. „Pfarrer." „Ausgerechnet du?" „Wieso, man wird sich ja noch ändern dürfen."
Man wird sich ja noch ändern dürfen. Das stimmte. Achim hatte sich entschlossen, eine Station früher auszusteigen. Dort konnte er das Gepäck auf dem Bahnhof deponieren, dort würde ihn kaum einer kennen. Und so war es auch. Der einzige Angestellte, der noch Dienst hatte, müde nach dem heißen Spätsommertag, nahm alles, stellte es weg und reichte dann einen Zettel als Beleg durch den Schalter, kaum hochschauend. So war es Achim nun möglich, unauffällig durch die Vorstadt zu gehen, den Stadtwald durchquerend, einigen Villenstraßen auszuweichen, weil er dort doch einem hätte begegnen können, der den Sohn des Fabrikanten Reinhart von früher her kannte. Früher? Wie lange war das her? Eine Ewigkeit? Die Dauer eines Jahres auf hoher See. Das war die Ewigkeit.

Und nun stand er vor dem Haus. Es war groß, wenn auch nicht ganz so groß, wie er es in der Erinnerung hatte. Er sah einen Anbau, davon war doch nie die Rede gewesen. Gehörte der jetzt zum Geschäft, und wem gehörte nun das Geschäft selber, die Firma? In einigen Fenstern war noch Licht, die Tür zum Vorgarten offen. Kein Namensschild wie früher. Hatte man das Haus vielleicht an eine berühmte Familie verkauft, die es nicht nötig hatte, es sogar für nicht wünschenswert hielt, ihren Namen preiszugeben? Wegen der Hausierer oder sonst lästigen Besuchern. Es konnte ja einer von weither kommen, einer, den die Hunde hetzen würden, weil er selbst einer war, der vor die Hunde gegangen ist.

Er zog an der Klingelschnur, und ein ihm fremdes Stubenmädchen öffnete. Ihr dicker roter Zopf war gar nicht in all den Rüschen der Haube unterzubringen. Dahinter tauchte ein zweites, noch jüngeres Mädchen auf, ihm ebenfalls fremd. Er räusperte sich. „Kann ich – kann ich die Dame des Hauses sprechen?" Die beiden Mädchen schauten sich an, dann kicherten sie. „Sie meinen wohl den Herrn des Hauses. Bitte, treten Sie ein. Wir werden Sie Herrn Reinhart gleich melden."

Herr Reinhart? Es gab nur einen Herrn Reinhart, und das war er selber. Vielmehr es hatte noch einen andern gegeben – der aber – er wagte es nicht, war außer sich, konnte noch nicht verstehen. „Ich bin selbst Herr Reinhart."

Das Stubenmädchen rief: „Ja, sind Sie denn etwa –? Um Gottes willen –." Und dann plötzlich sehr laut: „Herr Reinhart!"

Man hörte ein Knurren von oben, geräuschvolle Schritte. Und jetzt kam Balthasar Reinhart die Treppe herunter, in schwarzem Anzug, aber ohne Krawatte.

„Komm herein", sagte er. „Ich habe dich erst für morgen erwartet."

Wie ein orientalischer Herrscher klatschte der festlich Gekleidete in die Hände und rief: „Nun los doch, Nanni! Los, Frau Schlüter! Etwas zu trinken!" Da erkannte Joachim, daß es wirklich sein Vater war, der da vor ihm stand. Gemächlich kam er jetzt auf ihn zu, nötigte ihn, mit einer Hand auf die Tür zeigend, in die von ihm gewünschte Richtung. Drinnen sagte er: „Ich muß nur erst meine Krawatte holen."

Achim starrte auf den weißen, spitzenumsäumten Tischläufer aus Linnen, er kannte die Stickerei aus blauer und roter Wolle. Nichts hatte sich hier verändert.
Der Vater ließ sich Zeit. Als er wiederkam, hatte er eine schwarze Querbinde in der Hand und begann, sie sich zu knoten. Das hatte früher die Mutter gemacht. Doch ehe Achim fragen konnte, fuhr der Vater fort: „Sie ist im Anbau, bei den Geschäftsbüchern. Hilft seit – seit damals mit.“ Und wieder klatschte er in die Hände und sagte, als Nanni herbeigerannt war: „Hol mal rasch die gnädige Frau. Sie ist drüben. Oder nein, das mach ich selber.“
Achim saß betäubt da. Es näherte sich ihm ein rundes, freundliches Gesicht sehr gerötet, beinah feuerrot, mit einem weißen Bart, es nickte ihm zu.
Er sah den Klabautermann, der ihm zu verstehen geben wollte: „Komm nur auf mein Schiff, wo ich dir helfen werde, wie es meine Art ist. Ich necke nicht nur.“ Mehr als einmal hatten die Matrosen von diesem guten Kobold erzählt, der viele kleine Dienste heimlich verrichtete und der nur verschwand, wenn dem Fahrzeug Unheil drohte. Der Klabautermann, der Poltergeist, der Schiffskobold, hatte ihn gelockt und zugleich auf die Zukunft verwiesen. Die Verluste waren hier nicht eingetroffen, das Erwartete, Befürchtete war nicht geschehen. Er hatte dem Tod während seiner Fahrt auf dem Meer gegenübergestanden, war ihm ganz nahe gewesen. Heinrich Petersen, der Schiffsjunge von Föhr, Jens Jensen, der Leichtmatrose mit dem starken Brustkorb, und der alte Bootsmann Peter Hinrichsen und seine letzten Worte: „Grüß deine Heimat, Schweizer.“
Er hörte deutlich das Klippklapp der Ankerketten, wie sie durch die Klüse drängten, als die ganze Flotte endlich flott wurde.
Ein kurzes Geräusch, das Hinstellen eines Tabletts mit

Gläsern, ließ Achim auffahren. Das Mädchen Nanni hatte das Gewünschte gebracht, ging lächelnd wieder hinaus. Ein ebenfalls guter dienstbarer Geist.
Herr Reinhart kam mit Frau Sidonie, der Vater mit der Mutter. Sie sah nicht mehr so wohlig und überrund aus, im Gegenteil. Aber sie umarmte ihn so fest, schloß ihn ganz dicht an sich, wollte ihn gar nicht loslassen, so daß er nur halb atemlos hervorbringen konnte: „Verzeih mir doch – verzeih mir doch."
„Nicht mehr davon reden", sagte sie leise. Aber er wußte sofort: das bedeutete, daß sie immer wieder davon reden würde, Jahre hindurch. Das wollte er ihr auch zugestehen.
„Deine Selma hat sich sehr gegrämt", sagte der Vater jetzt. „Aber auch sie ist nicht daran gestorben. Du wirst sie morgen sehen."
„Morgen erst?" fragte er.
„Du hast dir viel Zeit gelassen, Jo. Jetzt überstürze nichts. Du bleibst bei Mutter. Ich habe nämlich einen Vortrag zu halten. Ich kann nicht absagen."
Und Joachim erfuhr, daß sich Vetter Ferdinand sehr gut eingearbeitet habe. Natürlich könne er nie Chef werden. Die Wochen damals, ja, die waren sehr hart gewesen. Die Mutter rettete die Situation. Auch der Onkel aus Braunschweig war gekommen, das häusliche Personal aber nach jenem Vorkommnis ausgeschieden. Man lag zwischen Tod und Leben, aber dann wurde es besser. Auch kam Nachricht aus Hamburg. Um diese Zeit war die Raphaela schon auf See.
„Der Reeder hat mir geschrieben. Ich weiß von dem Vertrag."
„Ich habe ihn lösen können", sagte Joachim. „Die Raphaela geht schon nach vierzehn Tagen wieder in See. Meine Gesundheit –"

„Und jetzt willst du hierbleiben?“ fragte der Vater gleichmütig, aber er konnte die Spannung nicht ganz verdecken.
„Ich möchte zur Marine, will versuchen, Offizier zu werden“, sagte Achim leise.
Die Mutter schwieg, der Vater nickte. „Das habe ich mir schon gedacht, Jo. Und wir haben ein bißchen vorgesorgt. Gustav ist hier.“
„Gustav – Gustav Börner ist hier?“
„Ja, der Sohn meines Straßburger Geschäftsfreundes. Du weißt doch, wie damals ein Brief von ihm kam, als Straßburg so viel durchmachen mußte. Wir wollen Gustav adoptieren. Er zeigt schon jetzt mit seinen kaum sechzehn Jahren viel Talent fürs Geschäft.“
Und ehe der Fabrikant Balthasar Reinhart zu seinem Vortrag ging, sprach er noch über die neue Ausführung einer Ringspinnmaschine. „Sie stammt von John Avery aus Spencer, USA. Soll im nächsten Jahr bei der Wiener Ausstellung gezeigt werden. Es kommen noch paar Verbesserungen dazu.“
„Interessant“, sagte Achim.
„Es wird da eine bestimmte gleichbleibende Garnlänge in regelmäßigen Intervallen von den Zylindern abgelöst.“
„Sehr interessant.“
„Der Streckprozeß geht vorzüglich vonstatten. Wir werden alles besser und billiger herstellen können. Dagegen ist der Versuch des guten Dreyscharff in Chemnitz doch recht unbefriedigend gewesen. Also, meine Gute, ich übergebe dir deinen Sohn.“

Das Haus war still, der Wind rührte leise in den Baumkronen. Es war ein Morgen, der nur so funkelte. Achim fuhr rasch in die Kleider. Die Mutter hatte ihm alles zurechtgelegt. Nur der neue Diener war schon auf, er

machte aber einen respektvollen Bogen um den Sohn des Hauses.
Er ging durch den Garten. Die Welt war so schön, daß es ihm weh tat. Alles oder beinah alles blühte noch aus Leibeskräften. In solchen Stunden verschreibt man sich für immer dem lieben Gott. „Und wenn man ein Rechter ist, hält man es auch – teilweise wenigstens.“ Das hatte ihm einmal Hinrichsen gesagt.
Er schritt alle Wege ab, immer wieder. Plötzlich rief jemand: „Der Herr Reinhart! Schönen guten Morgen!“ Es war der Gärtner. Der war also geblieben. „Hallo, Philipp!“ rief Achim im Weitergehen, denn er wollte jetzt mit niemandem sprechen. Erst Selma – zuerst sie.
Sie kam noch am Vormittag. Man hatte sie eingeladen. Man schob sie zu ihm in eines der oberen Zimmer und machte die Tür zu. Sie standen und sahen sich an, taten gar nichts. Dann schossen sie aufeinander zu, hielten sich aber noch einmal zurück. Er wollte ihre Hand küssen, die Hände. Doch sie wehrte ab, zog ihn an sich, nicht weniger stürmisch als die Mutter, hielt ihn nicht weniger fest, aber anders. „Ich habe mich nach dir gebangt“, sagte sie. Und nochmals: „Ich habe mich so nach dir gebangt!“ Sie schob ihn von sich, hielt ihn aber mit beiden Händen an den Schultern. „Du bist ein Mann geworden, Joachim!“ sagte sie auflachend. „Ein richtiger Mann! Und das in einem Jahr! Wie schön, daß du Wort gehalten hast.“
Er wollte sagen: Ich werde immer wiederkommen, Liebste, zu dir – vor allem zu dir –
Aber da öffnete der Vater die Türe und fragte barsch herein: „Seid ihr nun endlich verlobt?“
„Daran, daran habe ich noch nicht gedacht, und ich weiß ja auch nicht, ob Selma –“
„Wir kommen sogleich, Herr Reinhart“, sagte das Mädchen.

Dann überwältigte es ihn. Sein Vater lebte – die Mutter war noch da – und Selma in seinen Armen. Das Fegefeuer all der Ängstigung war verglüht, der Tod war draußen geblieben.

Die Heimkehr des Oberprimaners war das Hauptgesprächsthema in Lüdenfeld. Man gönnte der Familie das Glück und fühlte sich dabei doch ein bißchen geprellt. Die Kameraden Achims waren um diese Zeit auf den Universitäten. Nur einige, die Durchgefallenen, die es noch einmal versuchten, hielten sich in Lüdenfeld oder in der Umgebung auf. Es war das Gerücht aufgekommen, man hätte den Reinhartschen Sohn mit Zwang auf ein Schiff gebracht. „Nein, so war es nicht", klärte er auf und fügte einige Male seemännisch-fachmännisch hinzu: „Ich bin nicht geschanghait worden."
Er sandte den erbetenen Brief an Nowak ab, unter postlagernd. Das war nun einmal so mit dem Vollmatrosen Ludwig. Er, Achim, war besser dran. „Seit gestern abend bin ich hier. Du sollst rasch verständigt werden. Hier ist alles auf eine gewisse Weise gut gegangen. Wir hatten Glück: es war eine Gehirnerschütterung, nicht eine Herzruptur. Ich danke dir, daß du mich gezwungen hast, heimzukehren."
Mit Selma und den Eltern war alles geklärt. Nach zwei Jahren der Ausbildung wollten oder sollten sie heiraten. „Dein Leben ist so verrückt", sagte der Vater, „daß es da auf ein bißchen Verrücktheit mehr oder weniger nicht ankommt. Ich finde, ihr solltet, wenn du zweiundzwanzig bist, zusammenziehen. Denn nachher wirst du ja wieder lange auf See sein. Aber wie ihr wollt. Du kommst doch in den Ferien zu uns?" fragte der Vater.
„Aber selbstverständlich."
„Nun, nun, bei dir ist nichts selbstverständlich."

Zum Abschied versammelten sich am Abend zuvor alle im Reinhartschen Hause. Einige Honoratioren hatte man eingeladen. Onkel Reinhart war gekommen, auch den Bäckerjungen Matthes hatte Herr Reinhart nicht vergessen.

„Nun wirst du uns ja wohl noch eine Rede halten", begrüßte ihn Onkel Edmund.

Und das mußte er zuletzt auch tun. „Liebenswerte Anwesende, die Toten sind draußen. An die wollen wir eine Sekunde lang denken. Ich meine, wenn es euch recht ist. Auch an Pim und die fünf Crawellis."

„Wer ist denn das nun wieder?" unterbrach ihn die Stimme des Vaters. „Das klingt ja . . ."

„Pim – Pim ist, oder vielmehr war er es, ein großer Pottwal und die fünf Crawellis waren oder sind, denn es sind viele von ihnen übriggeblieben, die Schwertfische, die Pim angegriffen haben. Die waren alle nicht feige. Es waren keine Menschen, aber doch Lebewesen, jeder auf seine Art beispielhaft. Laßt uns auf sie die Gläser heben."

WALTER BÖLK / ERICH LANDSCHOF

Schiffe in Not

Strandungen und Seeunfälle um Fehmarn

208 Seiten, über 60 Abbilddungen, DM 49,80

ISBN 3-87550-099-3

Die chronologische Beschreibung von Strandungen und Seeunfällen, die zwischen 1857 und 1987 rund um Fehmarn passierten, gibt gleichzeitig interessante Einblicke in die Geschichte der Küstenschiffahrt und in die Verflechtungen des Ostseehandels.